PAS TOUTES À LA FOIS

PAUL COTE

Editions ART ET COMÉDIE
2, rue des Tanneries
75013 PARIS

NOTE SUR L'AUTEUR

Après une longue carrière de comédien amateur, Paul Cote prend la direction de la troupe « La Farandole ». Pour son équipe, il écrit et met en scène une quinzaine de comédies. Deux seront primées au concours national d'auteurs de la FSCF : *Dis-moi donc c'qui a de neuf*, premier prix en l'an 2000, et *Coucou voilà le gourou*. Cette dernière figurera parmi les meilleures ventes d'Art et Comédie en 2003-2004 et connaît, de ce fait, un énorme succès partout en France. Ce sera ensuite *Le chef d'escadrille convole*, une « hélicomédie en deux loopings » qui décoiffe, vu les turbulences incontournables de l'histoire.

Pas toutes à la fois est une comédie dans la lignée des précédente avec le dynamisme, l'humour, les gags et les quiproquos qui intéressent les troupes et enchantent toujours leur public.

Toutes ces pièces ont déjà été crées par la troupe dirigée par l'auteur, mises en scène par ses soins, avant édition. Ce qui assure aux comédiens qui les choisissent une meilleure adaptabilité de leurs réalisations et une mise en scène facilitée.

PERSONNAGES

Par ordre d'entrée en scène

Bertrand Bertrand, directeur de l'agence immobilière.

Prunelle, secrétaire de l'agence.

Mme Bertrand, épouse de Bertrand Bertrand.

Mme Badurin, la concierge.

Tante Antonine, tante de Mme Bertrand.

Alfred, clochard installé dans le placard.

Maud, coiffeuse, amie de Bertrand.

Mlle Faucheblé, inspectrice des impôts.

Le squatter, ancien résident, de passage.

DÉCOR

Un studio avec trois portes : au fond, la porte d'entrée principale ; côté jardin, une porte donnant sur la cuisine ; côté cour, une porte donnant sur la salle de bain et la chambre.
Au fond : une porte donnant sur un placard-débarras ou une grande armoire. Au centre : une table, des chaises, un ou deux fauteuils.
Dans un angle : table ou bureau avec téléphone, annuaires, etc.

PREMIER ACTE

Bertrand et Prunelle entrent par la porte principale et visitent le studio.

BERTRAND - Voilà, c'est ici. Ça conviendra très bien. Ce n'est pas trop cher, ce n'est pas trop grand. Ça fait à la fois studio et bureau. On peut y travailler le jour, y dormir la nuit. Les gens vous louent ça pour un jour ou deux, pour leurs rendez-vous d'affaires ou leurs rendez-vous de cœur. Pas d'investissement, peu de gestion. Vous verrez, Prunelle, c'est plus facile que l'immobilier à long terme et ça rapporte plus.

PRUNELLE - Vous croyez, patron ?

BERTRAND - C'est sans problème. Aujourd'hui, tout va vite. Les affaires aussi. Il faut mettre à la disposition des décideurs des lieux de rencontre dont ils n'ont besoin que quelques heures quand ils veulent traiter une affaire sur place. Je vais le sous-louer dix fois le prix de revient. Même avec les creux, je ne serai pas perdant. *(Ils visitent le studio.)* Alors, ici le bureau-séjour, là un placard-débarras… Tiens, il est fermé et il n'y a pas de clé. Bon, peu importe dans l'immédiat, on verra plus tard. Ici un coin-repos avec une petite salle de bains, et là une mini-cuisine pour les radins qui ne veulent pas payer le restaurant à leurs clients…

PRUNELLE - … Ou à leur secrétaire ! Des patrons dans votre genre, par exemple.

BERTRAND - Prunelle ! Je vous dispense de vos réflexions aussi sottes que grenues. Les temps sont durs. Mes notes de frais sont vérifiées deux fois : la première fois par ma femme et la seconde fois par le fisc. Alors, s'il vous plaît, arrêtez avec vos demandes d'invitations déguisées.

PRUNELLE - Déguisées ou pas, des notes de restaurant avec un repas pour la secrétaire, le fisc n'a pas dû en vérifier souvent.

BERTRAND *(agacé)* - Prunelle, ça va comme ça, hein ! Ça va bien comme ça ! Maintenant vous allez au journal pour l'annonce. Et surtout essayez de marchander.

PRUNELLE - Evidemment. Si l'agence Bertrand Bertrand ne marchandait pas, ça paraîtrait suspect.

Prunelle sort.

BERTRAND - Elle m'énerve ! Elle m'énerve ! Elle ne se rend pas compte comme les temps sont durs, comme tout augmente : les charges, les impôts, l'Urssaf, les transports, l'eau, l'électricité, le téléphone, la T.V.A… Enfin, on survit péniblement quand même. Bon, passons aux choses sérieuses et agréables. Il faut que j'appelle Maud pendant que Prunelle n'est pas là… Ah ! Maud… D'ici à ce que l'annonce paraisse, ça me laisse quelques jours. On pourra se voir discrètement ici et faire plus ample connaissance. *(Il téléphone.)* Allô ! Le salon de coiffure Défini-Tif Maud ? (…) Bonjour, passez-moi votre patronne. (…) Merci. (…) Allô ! Maud ! Bonjour, c'est Bertrand Bertrand. (…) Vous êtes enchantée ? (…) Très b… (…) Ah ! pardon, en shampooing… (…) Shampooing et coloration. Je vois… Juste un mot : comme prévu, j'ai loué le studio-bureau de la rue des Pois de Senteur. (…) Oui. (…) Alors en attendant que l'annonce paraisse et que les clients arrivent, vous pourriez peut-être me rendre une visite discrète. (…) Mais si… (…) Mais si… (…) Vous êtes charmante. (…) Je vous remercie. Je… (…) Vous… (…) Oui… (…) Moi aussi… (…) Je… (…) Oui… (…) Non… (…) Je… (…) Moi aussi… (…) Je… C'est ça… (…) Au revoir… (…) Moi aussi… *(Il raccroche.)*

Retour de Prunelle.

PRUNELLE - Voilà, pas de problème patron. L'annonce paraîtra toutes les semaines à partir de la semaine prochaine.

BERTRAND - Quel jour de la semaine prochaine ?

PRUNELLE - Jeudi.

BERTRAND - Jeudi ! Très bien ! Parfait, parfait.

PRUNELLE *(à part)* - Tiens, c'est bien étonnant qu'il ne râle pas que c'est trop long comme délai et qu'il va se retrouver en faillite… *(Le téléphone sonne. Elle décroche.)* Allô ! (…) Bonjour madame Bertrand. (…) Oui, votre mari est ici. Je vous le passe.

BERTRAND *(au téléphone)* - Oui… (…) Comment tu n'as pas trouvé le studio ? (…) Mais aussi pourquoi tu cherches… (…) Savoir ce que je manigance ? (…) Mais enfin, mon poussin, tu pousses, hein ! (…) Bon, je vais te chercher. *(Il raccroche.)*

PRUNELLE - Qu'est-ce qu'il se passe ?

BERTRAND - Il se passe que madame veut tout savoir sur ce studio, qu'elle le cherchait et qu'elle s'est perdue. Alors je vais tenter de la retrouver au coin de la rue, dans un Abribus.

PRUNELLE - Pour vous retrouver avec votre femme, un Abribus, c'est pas vraiment confortable. Vous feriez mieux de venir ici, vous seriez plus à l'aise.

BERTRAND - C'est prévu. *(A part.)* Je me demande si elle me nargue ou si elle me prend pour un imbécile. Peut-être les deux.

Bertrand sort. Prunelle vérifie qu'il soit bien parti et se précipite sur le téléphone.

PRUNELLE - Allô ! (…) Edouard, c'est Prunelle. Dis donc j'ai un truc pour arrondir la fin du mois. Le patron sous-loue à la journée un studio-bureau, mais l'annonce ne paraîtra que jeudi prochain. En attendant, c'est libre. Alors si on pouvait trouver quelqu'un nous-mêmes avant les clients de l'annonce, on empocherait toujours quelques jours de loyer. Ça lui ferait les pieds à ce vieux radin… (…) Tu cherches de ton côté et moi du mien. (…) O.K. Salut. *(Elle raccroche.)* Et voilà. Si je peux me faire un petit à-côté, je ne vais pas me gêner.

Retour de Bertrand, accompagné de son épouse.

MME BERTRAND - Alors nous voilà enfin arrivés ! Bonjour Prunelle.

PRUNELLE - Bonjour madame. Votre mari vous a retrouvée ?

MME BERTRAND - S'il m'avait donné tout de suite l'adresse exacte, je ne me serais pas perdue. Mais il n'avait pas l'air d'avoir vraiment envie de me la donner, cette adresse.

BERTRAND - Moi ? Alors là, tu pousses, hein, mon poussin ! Tu pousses !

MME BERTRAND - On verra bien. D'ailleurs, je vais surveiller de près tes locataires. Et si jamais tu me joues un tour de cochon…

BERTRAND - Un tour de cochon !… Oh ! mon poussin !

Le téléphone sonne. Mme Bertrand décroche.

MME BERTRAND - Allô ! (…) Oui… (…) Ah bon ! (…) Très bien… (…) Parfait, parfait. C'est noté. *(Elle raccroche.)* C'est bien ce que je pensais. Ça commence. Je viens d'avoir quelqu'un qui ne savait pas que c'était moi et qui m'a dit : « Ça y est, je t'ai trouvé quelqu'un pour deux ou trois soirées. A cent euros, c'est une affaire. » J'avais donc raison ! C'est bien une maison de passe que tu comptes exploiter. Et tu en seras sans doute le meilleur client.

BERTRAND - Mais pas du tout ! Enfin, mon poussin, tu te trompes, ce n'est pas possible ! D'ailleurs, l'annonce n'est pas encore parue.

MME BERTRAND - Justement, tu profites du délai pour tenter de meubler tes soirées. Odieux personnage !

PRUNELLE - Madame, ne vous emballez pas, c'était plutôt un de nos agents ou collaborateurs qui a cru avoir affaire à moi.

BERTRAND - Mais bien sûr, c'est évident ! *(A part, à Prunelle.)* Bravo, merci.

PRUNELLE *(à part, à Bertrand)* **-** De rien. Vous tâcherez de vous en souvenir lors de la prime de fin de mois.

MME BERTRAND - Et comment cette personne était-elle au courant ?

PRUNELLE - Par l'agence, certainement.

BERTRAND - Certainement. *(A part.)* Si j'ai déjà des clients, je ne vais pas pouvoir profiter de ce studio. Maud va être furieuse. Pour cent euros, c'est pas une affaire.

PRUNELLE *(à part)* **-** Et voilà ! Elle avait bien besoin de répondre ! Maintenant, c'est lui qui va empocher les cent euros.

MME BERTRAND - Bon, admettons. Mais ces cent euros inespérés seront pour moi. Pour m'acheter une paire de chaussures neuves. Ça t'apprendra à me faire marcher.

BERTRAND *(à part)* **-** Il faut que je prévienne Maud.

PRUNELLE *(à part)* **-** Il faut que je prévienne Edouard.

MME BERTRAND - Ah oui ! J'oubliais… Il faut que je vous prévienne : j'ai dit à tante Antonine qu'elle pouvait venir passer un jour ou deux dans le studio avant que les premiers clients n'arrivent.

BERTRAND ET PRUNELLE *(simultanément)* **-** Ah non !

MME BERTRAND - Comment ça, « ah non » ?

BERTRAND - Ben… euh… tu comprends… les affaires… il… il peut y avoir un gros client urgent…

PRUNELLE - Oui, bien sûr, c'est ça ! Il peut y avoir une urgence pour un gros client.

MME BERTRAND - Hum… oui, peut-être. On verra bien. Et il est correct au moins ce studio ?

BERTRAND - Mais tu vas te rendre compte tout de suite. Prunelle, faites visiter à madame… *(A part.)*… pendant que je téléphone à Maud…

PRUNELLE - Ah non ! Patron, ce serait beaucoup mieux si c'était vous… *(A part.)*… pendant que je téléphone à Edouard…

BERTRAND - Mais non, mais non ! Vous, Prunelle… Entre femmes…

PRUNELLE - Mais non, mais non ! C'est plutôt le rôle du mari.

BERTRAND - Prunelle, allez-y, je vous en prie.

PRUNELLE - Mais non, mais non ! Je n'en ferai rien.

BERTRAND *(énervé)* - Accompagnez madame, c'est un ordre.

PRUNELLE - Bon, bon, j'y vais ! Inutile de vous énerver et de crier comme ça !

BERTRAND *(énervé et criant fort)* - Mais je ne crie pas ! Je ne m'énerve pas ! Je vous demande gentiment de faire visiter l'appartement à madame ! *(Criant encore plus fort.)* Je vous le demande gentiment !

MME BERTRAND *(ironique)* - Puisqu'il vous le demande gentiment… Allons voir.

Elles passent à la salle de bains et Bertrand se précipite sur le téléphone.

BERTRAND - Allô ! (…) Le salon Défini-Tif Maud ? (…) Oui… (…) Pourrais-je parler à Maud s'il vous plaît ? (…) Oui, votre patronne… (…) Ah… (…) Oui… (…) J'attends… Mais faites vite, c'est urgent. *(Il jette des regards désespérés vers la porte de la salle de bains.)* Vite… Ah là là !… Ah là là !

Retour de Prunelle et Mme Bertrand.

MME BERTRAND - C'est effectivement un joli bureau-studio. Pas très grand, mais suffisant. Bertrand, tu m'écoutes ?

Bertrand - Ah là là !… Ah… euh… oui, bien sûr.

Mme Bertrand - Tu as déjà quelqu'un ?

Bertrand - Euh… oui… euh… non… enfin… je… je ne sais pas… il faut que j'attende et… et… Oh ! et puis, après tout, tant pis ! On ne va pas… *(Il va pour raccrocher, mais sa femme lui prend le téléphone des mains pour répondre.)*

Mme Bertrand - Comment, « tant pis » ? Il faut que les gens sachent ce qu'ils veulent. On n'a pas de temps à perdre. *(Au téléphone.)* Allô ! Allô !… Quelle pagaille… Allô ! (…) Oui… (…) Quoi ? (…) Qui ? (…) Maud ? *(Bertrand est catastrophé.)* Oui, bonjour madame, alors que désirez-vous ? (…) Comment qu'est-ce que je veux moi ? (…) Mais rien, c'est vous qui… (…) Comment ça une coupe ou une mise en plis ? Mais vous faites erreur madame. (…) Comment, c'est moi qui appelle ? (…) Non mais… (…) Quel culot ! Si vous ne savez pas reconnaître vos erreurs… (…) Je ne suis pas prête à aller me faire coiffer chez vous. *(Elle raccroche. Bertrand s'éponge nerveusement.)* D'ailleurs, je ne sais même pas qui c'est cette espèce de coiffeuse.

Bertrand - Heureusement !

Mme Bertrand - Tu dis ?

Bertrand - Je dis… je dis… heureusement… heureusement que tu étais là pour lui river son clou à celle-là. Non mais des fois… Tu te rends compte, hein ? « Voulez-vous une coupe, un shampooing, des frisettes ? » Ah là là ! Elles en ont du culot chez Défini-Tif Maud.

Mme Bertrand - Tu connais ?

Bertrand - Ah… euh… je… non… je disais… je disais la mode, c'est pas définitif.

Mme Bertrand - Ah bon ! Oui, c'est bien vrai.

Prunelle - Monsieur, vous devriez aller voir à la salle de bains, il me semble qu'il y a un robinet qui fuit. Madame me l'a fait remarquer. *(A part.)* Il faut absolument que je téléphone à Edouard.

Mme Bertrand - Moi? Mais je n'ai rien vu…

Prunelle - Mais si, madame, vous l'avez bien vu.

Mme Bertrand - Alors ça, ça m'étonnerait.

Bertrand - Bon, bon, ça va bien. Allons voir.

Bertrand et sa femme passent à la salle de bains. Prunelle se précipite sur le téléphone.

Prunelle - Allô! Edouard? (…) Dis donc, fais gaffe quand tu téléphones. Tout à l'heure, c'est la patronne qui a répondu et c'est elle qui va encaisser le fric… (…) Oui, eh bien, écoute quand tu parles, espèce d'âne… *(Retour de Bertrand et de sa femme.)* Oui, d'âne… *(Changeant de ton en voyant ses patrons.)*… d'annonce pour le studio… (…) C'est ça, l'annonce qui doit paraître prochainement. Merci. *(Elle raccroche.)*

Bertrand - Il va très bien ce robinet. Vous avez des visions. Le téléphone, c'était encore un client?

Prunelle - Euh… non… c'était… le journal… pour un détail.

Bertrand - Jeudi, l'annonce, comme prévu?

Prunelle - Bien sûr, patron, bien sûr.

Bertrand *(à part)* **-** Très bien. D'ici jeudi… normalement…

Arrivée de la concierge.

La concierge - Bonjour, je suis la concierge, madame Badurin. C'est vous les nouveaux locataires? J'en suis bien aise. Ça va relever le niveau. Parce que passé un temps, comme il n'y avait personne ici, c'était un peu le va-et-vient. Plutôt la pagaille, même. Je ne m'en sortais plus, moi. C'était plus possible avec ces gens.

Bertrand - Ah bon! Ces gens?

Mme Bertrand - Ces gens? Quels gens?

La concierge - Des gens. Des gens qui étaient là. Des setters.

BERTRAND - Dès sept heures ? Mais c'est normal que les braves gens soient rentrés chez eux dès sept heures !

LA CONCIERGE - Mais non ! Des gens bizarres ! Je vous dis bizarres. Des setters.

MME BERTRAND - Ah bon ! Ils étaient bizarres à sept heures et avant ils étaient normaux ?

LA CONCIERGE - Mais je ne vous parle pas d'heure, mais de setters.

BERTRAND - Vous parlez d'or, mais pourtant la parole est d'argent.

MME BERTRAND - Je vous assure, madame Badurin, vous avez dit « sept heures ».

LA CONCIERGE - Peut-être que je ne prononce pas bien l'anglais. Je dis : des setters.

MME BERTRAND - Ah oui ! Remarquez que les setters sont plutôt Irlandais.

LA CONCIERGE - Ah bon ! Euh… peut-être que… alors, il faut peut-être dire… des scooters ?

BERTRAND - Des scooters ?

MME BERTRAND - Des scooters !

PRUNELLE - Et pourquoi pas des mobylettes ?

LA CONCIERGE - Oui, des scooters, ou quelque chose comme ça. Des gens qui habitent chez les autres sans payer le loyer.

BERTRAND - Ah ! d'accord ! C'est vrai que votre anglais est à perfectionner. Vous voulez sans doute dire des squatters ?

LA CONCIERGE - Voilà, comme vous dites, des squatters. Il y avait des squatters et il a fallu les faire expulser par la police. Il y en a même qui se sont retrouvés en prison. Et je vous explique pas le ménage qui restait à faire après. C'était une vraie catastrophe ces scooters. Bon, enfin, ça va changer. Le courrier, c'est à quel nom ?

BERTRAND - Bertrand. Mais il n'y aura que peu de courrier.

LA CONCIERGE - Alors tant mieux.

BERTRAND - C'est un appartement que nous allons sous-louer à la journée.

LA CONCIERGE - Sous-louer à la journée ! Ah non ! Alors, pas question. Ça va faire du va-et-vient. Finalement, ce ne sera pas mieux que les scooters, parce que eux, comme ils ne payaient pas, ils essayaient d'être discrets. Alors que ceux qui payent et qui ne viennent que pour la journée c'est pas des cadeaux. Ils ne s'essuient même pas les pieds. Ils ne disent pas bonjour, ils font du bruit… *(Mme Bertrand pousse son mari du coude et lui fait signe de donner un pourboire à la concierge.)* Ils rentrent à n'importe quel moment… *(Bertrand donne un, deux, puis trois billets.)* Ils font couler l'eau à point d'heure, ils ne ferment pas les robinets… *(Bertrand continue de donner des billets sous la pression de sa femme, en hochant la tête d'un air mécontent.)* Mais enfin bon, tant pis, c'est le métier, faut bien s'y faire. *(Elle empoche les billets.)* Alors au revoir messieurs-dames. Au plaisir.

BERTRAND - C'est ça, au plaisir. *(A Prunelle.)* Bon, Prunelle, vous retournez au bureau, moi j'ai un rendez-vous à l'autre bout de la ville. Allez, à tout à l'heure. *(Il les pousse vers la porte.)*

MME BERTRAND - Je vais me refaire une beauté.

BERTRAND *(qui tente de la dissuader de rester)* - Mais je t'assure, mon poussin, tu n'as pas besoin de te refaire une beauté, tu es déjà très belle comme ça.

MME BERTRAND - Evidemment que je suis belle ! C'est une façon de parler. Mais ne t'inquiète pas pour moi, ne perds pas ton temps. Va, mon chéri, va. Je peux très bien me maquiller sans toi.

Mme Bertrand passe à la salle de bains.

BERTRAND - Sûrement, sûrement. *(A part.)* Pourvu que Maud n'arrive pas avant leur départ ! *(A Prunelle, un peu agacé.)* Alors, Prunelle, vous êtes encore là ?

PRUNELLE - Je croyais que vous alliez me déposer au bureau en partant…

BERTRAND *(gêné)* - Ah… euh… oui… euh… non… vous… vous prendrez un taxi.

PRUNELLE - Un taxi ? Mais à vos frais alors !

BERTRAND - A mes frais, à mes frais… Vous en avez de bonnes ! *(A part.)* Mais je ne peux pas partir sans avertir Maud.

MME BERTRAND *(qui sort de la salle de bains)* - Voilà, c'est mieux ainsi.

BERTRAND - Tu peux emmener Prunelle au bureau ?

MME BERTRAND - Emmener Prunelle ? Mais enfin, je ne peux pas ! J'ai rendez-vous avec Mme Bugnalot. Elle n'a qu'à prendre un taxi.

PRUNELLE - Ah ! vous voyez !

BERTRAND - Eh bien, prenez un taxi. *(A part.)* Décidément, pour une affaire qui devait me rapporter gros, c'est plutôt mal parti. *(Aux dames.)* Bon, mesdames, il faut y aller maintenant.

PRUNELLE - Deux minutes, je vais me mettre un peu de rouge aussi.

Prunelle passe à la salle de bains.

BERTRAND *(à part)* - Je ne vais pas réussir à les faire partir. Elles s'incrustent, elles s'incrustent…

MME BERTRAND - Tu dis, mon chéri ?

BERTRAND - Je dis… je dis que tu devrais déposer Prunelle. Entre le temps qu'elle perd et le prix du taxi, elle va nous bouffer tout le bénéfice.

MME BERTRAND - Bon, d'accord. Allez, Prunelle ! Dépêchez-vous, je vous dépose.

PRUNELLE *(de retour)* - Ah bon ! Dommage. J'aime bien les taxis. On a l'impression d'être quelqu'un, seul sur le siège arrière. Et en plus c'était monsieur qui payait. C'est pas si souvent.

MME BERTRAND - Allons, en route. *(A Bertrand qui tourne en rond.)* Mais que fais-tu mon chéri ? Tu avais pourtant l'air pressé…

BERTRAND - Mais je suis pressé, je suis pressé ! Mais je vérifie si rien ne cloche.

MME BERTRAND - Allez, tu viens ?

BERTRAND - Partez, partez. Je veux vérifier ce robinet de la salle de bains.

MME BERTRAND - Mais tu as vu toi-même qu'il fonctionnait très bien ce robinet !

BERTRAND - On ne sait jamais. Allez, allez, ne vous inquiétez pas pour moi.

MME BERTRAND - Comme tu voudras.

Prunelle et Mme Bertrand sortent.

BERTRAND - Ouf ! j'ai bien cru qu'elle ne partiraient jamais ! *(Il téléphone.)* Allô ! Allô ! (…) Définitif Maud ? (…) Oui, passez-moi Maud, s'il vous plaît… (…) Allô ! Maud… (…) Oh ! ma chère, des problèmes. De gros problèmes… Je croyais que mon studio-bureau resterait vide au moins une semaine et que nous pourrions en profiter, mais voilà, je ne sais pas ce qu'il se passe, tout le monde est déjà au courant. J'ai un client potentiel, ma femme attend tante Antonine… (…) Mais non, je ne suis pas enrhumé je dis : attend tante Antonine et donc je craignais que vous n'arriviez à l'improviste. Aussi, par précaution, si je ne suis pas seul, faites-vous passer pour une cliente. (…) Voilà… (…) Je vous fais confiance. (…) Excusez-moi encore. Je suis désolé mais rien ne va comme je voudrais. Au revoir… (…) C'est ça… (…) Moi aussi… (…) Je… (…) Oui… (…) Voilà… (…) Moi de même… (…) Je… (…) Que… (…) Oui…(…) Entendu… (…) Moi aussi… (…) C'est promis. *(Il raccroche.)* Ouf ! sauvé pour l'instant ! Mais je vais être en retard à mon rendez-vous…

Arrivée de la concierge avec seau et balai.

La concierge - Dites-moi, monsieur, j'ai repensé à un truc. Comment qu'c'est-y que je saurai si c'est des clients à vous ou des scooters qui viennent ici ? Et comment que je vais faire pour les clés ?

Bertrand - Sous le paillasson, les clés, madame. Sous le paillasson.

La concierge - Sous le paillasson ? Mais c'est pas prudent !

Bertrand - Il n'y a rien à voler ici. C'est juste un studio-bureau pour des rendez-vous d'affaires rapides entre deux personnes qui n'ont pas de locaux sur place mais qui veulent traiter une affaire vite fait.

La concierge - N'importe quelle affaire ?

Bertrand - Bien sûr. N'importe quelle affaire.

La concierge - Bon, alors supposons que je veuille traiter avec vous le problème de mes pourboires par exemple…

Bertrand - Oui… euh… alors là… euh… excusez-moi, mais je suis très pressé. *(Il tente de sortir mais la concierge se met devant la porte.)*

La concierge - Voyez-vous, ce problème des pourboires est très important dans la profession et il est important de ne pas le négliger.

Bertrand secoue son portefeuille et lui tend un dernier billet.

Bertrand - Tenez, c'est tout ce qu'il me reste. Au revoir madame la concierge.

Bertrand sort.

La concierge *(en agitant le billet)* - C'est ça, monsieur, au plaisir. *(Elle contemple son billet.)* C'est de plus en plus difficile de les éduquer de nos jours !

La concierge sort à son tour. Après son départ, la porte du placard s'ouvre lentement et Alfred, le clochard, sort en bâillant et en s'étirant.

ALFRED - Ah ! que j'ai bien dormi ! Ah ! que oui ! Je sais pas ce qui m'a réveillé, j'ai bien cru entendre du bruit. Il faudra que je fasse attention. Si l'appartement est reloué, fini la tranquillité. A plusieurs c'était pas possible. Pas assez discret. Mais à tout seul, si tu fais gaffe, tu peux vivre peinard, sans gêner personne. Les gens sont pas si souvent chez eux dans la journée. Et la nuit, tout le monde dort. Alors il suffit de s'organiser. Enfin bon, c'est pas tout ça, mais j'ai un petit creux, là. Heureusement, j'ai mes petites provisions à la cuisine. J'espère bien que personne n'est venu me piquer mon casse-croûte et mes litrons.

Alfred entre à la cuisine. Arrivent la concierge et tante Antonine.

LA CONCIERGE - Voilà, c'est ici madame Antonine. Votre nièce vous a donné la priorité. Vous serez très bien.

TANTE ANTONINE - Parfait, je vous remercie.

LA CONCIERGE - Mais à votre service madame. *(Elle reste la main tendue.)*

TANTE ANTONINE - Merci, merci. Vous pouvez disposer, je me débrouillerai toute seule.

LA CONCIERGE - Mais certainement madame, à votre service. *(Elle ne bouge pas, la main toujours tendue.)*

TANTE ANTONINE - Oui… Ah ! je vois. *(Elle fait mine de regarder dans son sac.)* Oh ! c'est bête, je n'ai pas de monnaie…

LA CONCIERGE - Ça ne fait rien madame, je prends aussi les billets.

TANTE ANTONINE *(à part)* - Elle a réponse à tout celle-là. *(Elle lui met un billet dans la main.)* Tenez, voilà. Ce sera fait pour un moment.

LA CONCIERGE - Merci. Merci beaucoup. Tout à votre service madame.

La concierge sort.

TANTE ANTONINE - A ce prix, ça vaudrait mieux. Bon, moi je vais aller me rafraîchir un peu et faire un brin de toilette. Après j'irai remercier ma nièce pour son invitation. Elle est gentille comme tout, ma nièce. Elle avait ce studio de libre un jour ou deux, tout de suite elle a pensé à moi. C'est sûrement pas son Bertrand qui en aurait fait autant… Bon, voyons voir. C'est bien ça : la salle de bains et la chambre.

Tante Antonine entre à la salle de bains et Alfred sort de la cuisine, un camembert ouvert dans une main, une bouteille de vin rouge dans l'autre.

ALFRED - Bon, tout va bien, personne n'a touché à rien. Heureusement, parce que pour aller faire les courses c'est pas évident. Pour pas se faire remarquer, il faut limiter les sorties au minimum. Faut être très prudent, éviter la concierge. Si tu veux un magasin ouvert, faut sortir de jour. La nuit ils sont tous fermés. C'est un comble ! Heureusement, j'ai fait un stock de camemberts. Des camemberts « Chaussure de Moine », une pure merveille. Des calendos soldés cinquante pour cent. Du calendos qui ne résiste pas au doigt, si vous voyez ce que je veux dire. Du calendos épris de liberté, qui s'avance presque tout seul sur ton bout de pain et qui essaie même de passer au travers. Du calendos sauvage, brutal, que t'as intérêt à bien fermer dans son placard, sinon il s'échappe en se glissant sous la porte. *(Il hume son camembert avec plaisir, les yeux fermés.)* Mmm… Quelle odeur ! Avec un petit coup de rouge pour le faire encore mieux apprécier, c'est un repas de roi. *(Tante Antonine revient de la salle de bains à l'insu d'Alfred.)* Tu fermes les yeux et tu te crois au paradis… Au paradis…

TANTE ANTONINE - Mais qui est cet individu et qu'est-ce qu'il fait là ?

ALFRED - Au paradis !

TANTE ANTONINE - Dites donc vous !

ALFRED *(toujours les yeux fermés, comme dans un état second)* - Oui, mon bon saint Pierre.

Tante Antonine - Non mais ça va pas vous ! Qu'est-ce que vous faites ici ?

Alfred *(ouvrant les yeux)* - Ah ! c'est pas saint Pierre. Il est temps que je redescende sur terre. Là je sens que j'ai fait une imprudence.

Tante Antonine - Je vous parle ! Qu'est-ce que vous faites ici ? Je croyais pourtant être la seule locataire !

Alfred - Oui, oui, bien sûr, bien sûr. *(A part.)* Mais qu'est-ce que je vais bien pouvoir lui dire, moi ? Ah ! que je suis embêté ! *(A tante Antonine.)* Voyez-vous, madame, c'est que… c'est que… que je suis bien embêté.

Tante Antonine - Mais qu'est-ce que c'est que cet olibrius ? Alors oui ou non, allez-vous m'expliquer ?

Alfred - Oui, oui, bien sûr… mais laissez-moi le temps de… de… Ah ! que je suis embêté. *(A part.)* Mais qu'est-ce que je vais bien pouvoir lui dire ? Ah ! que j'ai été imprudent ! J'aurais dû mieux surveiller les allées et venues.

Tante Antonine *(à part)* - Il est vraiment bizarre. Et en plus… *(Elle sent avec un air de dégoût.)*

Alfred - Voilà, madame, c'est parce que… parce que…

Tante Antonine - C'est sûr qu'il y a une drôle d'odeur. J'ai l'impression qu'il n'a pas dû se laver les pieds depuis un bon moment !

Alfred *(très embêté)* - C'est parce que je suis… je suis… Qu'est-ce que je pourrais bien être ?… Je suis… *(Trouvant soudain la réponse.)* Je suis le plombier. C'est ça, le plombier… *(Ravi.)* Le plombier !

Tante Antonine - Bien sûr, j'aurais dû y penser. Et vous êtes venu pour déboucher les toilettes.

Alfred - Pour déboucher les toilettes ? C'est une bonne idée. C'est ça. Voilà, vous avez deviné. *(A part.)* Ouf ! sauvé pour l'instant.

Tante Antonine - C'est évident. J'aurais dû y penser tout de suite, avec cette odeur. Bizarre que je ne l'aie pas sentie en entrant.

Alfred - Je… je faisais une petite pause. Je vais pas tarder à rattaquer le boulot. *(Lui tendant la bouteille de vin rouge.)* Vous voulez boire un petit coup ?

Tante Antonine *(avec un air dégoûté)* - Non merci, sans façons. Pour la réparation, faites vite. Cette odeur est vraiment insupportable. Je vous laisse travailler. Je préfère aller chez ma nièce. *(En passant la porte.)* C'est pas possible une telle puanteur !

Tante Antonine sort.

Alfred - C'est ça, bon vent. Ah ! que je suis soulagé ! Bon débarras. Quelle bonne idée que le coup du plombier ! Mais qu'est-ce que c'est que cette histoire d'odeur et de toilettes bouchées ? C'est ridicule. Ridicule mais efficace. Du coup elle m'a bien pris pour le plombier et elle s'est tirée. Alors tant mieux. En tout cas, il va falloir que je fasse gaffe parce que avec un truc comme ça je pourrais aussi bien me retrouver à la rue. Alors méfiance. D'abord, je finis mon calendos. *(Il se met à manger.)* Hmm… Quel délice ! Qui n'a jamais mangé un calendos comme ça avec un bon gros rouge ne connaît rien à la gastronomie. Allez, avant de retourner dans mon placard-palace, encore un petit gorgeon pour faire glisser le tout… avant d'aller me glisser moi-même dans les toiles et de rêver aux étoiles. Je suis un grand poète méconnu. Allez, hop ! au pieu ! Ah ! que c'est agréable de n'avoir rien d'autre à faire que manger, dormir et rêver !

Alfred rentre dans son placard avec sa bouteille et sa boîte de camembert et referme la porte. Quelques secondes après, la concierge entre accompagnée de l'inspectrice des impôts, jeune femme B.C.B.G.

La concierge - Voilà madame, c'est ici.

L'inspectrice - Merci, très bien, ça ira.

La concierge - Bien sûr, et en plus c'est tranquille. Voilà, voilà. A votre service madame. *(Elle tend la main.)*

L'INSPECTRICE - Désolée. Les pourboires ne sont pas prévus sur ma note de frais.

LA CONCIERGE - Ça ne fait rien, vous n'aurez qu'à les rajouter après.

L'INSPECTRICE - Madame, ce qui n'est pas prévu par les textes législatifs ne peut pas se rajouter. Inutile d'insister.

LA CONCIERGE *(à part)* - Ouh là ! Qu'est-ce qu'elle peut être ric-rac celle-là ! Encore une qui a remplacé la fermeture Eclair de son porte-monnaie par du fil de fer barbelé !

La concierge sort.

L'INSPECTRICE - La concierge mise à part, ça n'a pas l'air trop mal ici. J'ai eu de la chance que le cousin du copain de la sœur de la cuisinière de ma voisine me déniche ce petit studio-bureau pour les deux ou trois jours que je vais avoir à passer ici. C'est tout à fait suffisant… Bon, vu l'heure, j'ai juste le temps de poser ma valise et de filer au boulot.

L'inspectrice passe à la salle de bains poser sa valise. Pendant ce temps, Prunelle entre en coup de vent. L'inspectrice ressort tout de suite de la salle de bains, surprise de la présence de Prunelle.

PRUNELLE - Ah ! vous êtes là ! La concierge vous a montré ?

L'INSPECTRICE *(très contrariée)* - Mais… Mais, mademoiselle, en voilà des façons ! Que faites-vous ici ? Que voulez-vous ?

PRUNELLE - C'est par mon intermédiaire que vous avez loué.

L'INSPECTRICE - Par votre intermédiaire ! Ça m'étonnerait. Vous vous appelez Edouard ?

PRUNELLE - Non, mais c'est moi qui ai refilé le tuyau à Edouard.

L'INSPECTRICE - Le tuyau ? Il est plombier ?

PRUNELLE *(haussant les épaules)* - Mais non ! Je veux dire que c'est par mon intermédiaire et son intermédiaire que vous avez pu avoir rapidement ce studio.

L'INSPECTRICE - Ah bon ! Je comprend mieux.

PRUNELLE - C'est cent euros.

L'INSPECTRICE - Pardon ?

PRUNELLE - Je dis c'est cent euros.

L'INSPECTRICE - Oui, d'accord, vous me ferez la note à mon départ.

PRUNELLE - Non, non, il faut payer d'avance, en liquide.

L'INSPECTRICE - Quoi ? D'avance, en liquide ? Vos exigences ne sont pas très légales !

PRUNELLE - Mais si ! C'est comme ça ! Il y a tellement de demandes et parfois des gens malhonnêtes…

L'INSPECTRICE - Ce n'est pas mon cas. Moi je vous fais un chèque ou rien. C'est légal.

PRUNELLE *(à part)* - Je ne vais pas m'en sortir. *(A l'inspectrice.)* Bon, d'accord. Un chèque. A l'ordre d'Edouard.

L'INSPECTRICE - A l'ordre d'Edouard ? Tout court ?

PRUNELLE - Tout court. Je compléterai.

L'INSPECTRICE - Bon, si vous y tenez. Mais préparez-moi ma quittance.

PRUNELLE *(à part)* - Une quittance ! Elle veut une quittance ! Elle m'énerve ! Une quittance ! Et pourquoi pas un bail pendant qu'on y est ? *(A l'inspectrice.)* Edouard vous la fera passer dès que possible.

L'INSPECTRICE - Dès que possible ? C'est-à-dire ?

PRUNELLE - C'est-à-dire dès que possible. C'est pourtant clair.

L'INSPECTRICE - Pas vraiment. Mais ne tardez pas trop. J'en ai besoin, moi, de cette quittance.

PRUNELLE - Et vous signez. Voilà, merci. *(Elle lui prend le chèque des mains.)* Au revoir madame. Et bon séjour.

Prunelle sort rapidement.

L'INSPECTRICE - Eh bien, moi qui voulais me loger rapidement, je suis servie. Tout est rapide ici. Alors continuons sur cette lancée et allons rapidement au boulot.

L'inspectrice sort à son tour. Dès qu'elle a quitté la pièce, Alfred passe la tête par la porte entrebâillée du placard.

ALFRED - Y'avait encore du monde ! C'est plus possible. C'est un vrai moulin ici. Ça peut plus durer comme ça. Je vais quand même pas rester tout le temps enfermé dans ce placard ! Et si je veux aller prendre l'air, j'aurais intérêt à faire drôlement gaffe et à ménager mes arrières. C'est dire que la vie de squatter c'est pas de tout repos ! *(Bruits de voix derrière la porte.)* Ça y est ! Qu'est-ce que je disais ? Voilà que ça recommence. Quelle vie !*(Il se renferme dans son placard.)*

Bertrand et Maud entrent.

BERTRAND - Voilà, Maud, c'est ici. C'est simple mais suffisant.

MAUD *(choquée)* - Suffisant ! Vous avez de ces expressions ! Suffisant ! Suffisant pour qui ? Ou suffisant pour quoi ?

BERTRAND *(conscient d'avoir gaffé et gêné)* - Mais… euh… ne vous offusquez pas ! Je voulais dire suffisant pour… pour accueillir ceux qui… qui n'ont pas la possibilité d'aller ailleurs pour une journée, qui souhaitent un bureau pour discuter d'un contrat ou… un petit coin tranquille et discret pour conclure une affaire… une affaire… de cœur.

MAUD - C'est ça ! Avec le risque de voir arriver d'une minute à l'autre votre épouse légitime, votre secrétaire ou votre tante Claudine !

BERTRAND - Antonine.

MAUD - Peu importe. Sachez que, pour vous être agréable et un peu par curiosité féminine, je suis venue simplement pour voir votre fameux studio-bureau. Vous paraissiez si fier de votre idée, pourtant bien banale en fait. Comme si vous veniez d'inventer l'hôtel de passe qui fait bureau pendant les temps morts !

BERTRAND - Oh ! Maud ! Je vous trouve bien dure !

MAUD - Je suis réaliste, Bertrand. Je suis réaliste et je suis femme. Ne comptez pas sur moi pour m'attarder ici. Je suis prudente, mais aussi et surtout je suis romantique, très fleur bleue. Alors si vous aviez éventuellement l'intention de m'inviter à nouveau, tâchez de donner à cette invitation un cachet un peu moins austère. N'oubliez pas que des détails agréables comme les soupers fins, les bijoux et les fleurs, sont toujours appréciés des jolies femmes. Et j'ai la prétention d'en faire partie. A bientôt, j'espère, mon cher Bertrand. *(Elle se dirige vers la porte.)*

BERTRAND - Maud ! Maud, excusez moi ! Je suis désolé. Je vous promets de faire mieux la prochaine fois. Je vous raccompagne.

Ils sortent tous les deux.

FIN DU PREMIER ACTE

DEUXIÈME ACTE

Au lever du rideau, Bertrand est seul en scène.

BERTRAND - Bon, récapitulons. Puisque tout ne se passe pas comme je l'avais prévu, il faut donc tenter de s'organiser. *(Arrivée de la concierge.)* Ah! vous voilà madame Badurin. Vous tombez bien. J'ai justement un grand service à vous demander.

LA CONCIERGE - Vous savez très bien, monsieur Bertrand, que je suis à votre service. *(Elle tend la main.)*

BERTRAND - Je sais. Et vous me le faites payer assez cher. Mais tant pis. Tenez, prenez cette enveloppe et portez-la chez la fleuriste du coin. Mais surtout soyez discrète. Motus. Compris? Motus. Voilà pour le prix de votre silence. *(Il lui remet l'enveloppe et lui glisse une pièce dans la main.)*

LA CONCIERGE *(déçue)* - On dit que le silence est d'or, mais là, voyez-vous, il n'est que de nickel. Il faudra faire un gros effort pour arriver à l'or.

BERTRAND - Madame Badurin, vous me ruinez.

LA CONCIERGE - N'exagérons rien. Je suis persuadée que d'autres y arriveront mieux que moi.

BERTRAND - Ne soyez pas de mauvais augure!

Départ de la concierge. Elle croise Prunelle qui arrive.

PRUNELLE - Alors patron, cette fois je prends un taxi ou madame m'emmène ?

BERTRAND - Pas de taxi ! Madame vous emmènera.

PRUNELLE - O.K., d'accord. Ça coûtera moins cher.

BERTRAND - Ça va bien comme ça, hein ! Pas de réflexions désagréables… Ah ! justement, en parlant de choses désagréables, qu'est-ce que c'est que cette histoire de toilettes bouchées qu'a racontée tante Antonine ?

PRUNELLE - Je n'en sais rien, moi. Je ne suis pas au courant.

BERTRAND - Bon, allons jeter un coup d'œil.

Ils passent à la salle de bains et Alfred sort de son placard.

ALFRED - C'est terrible ! J'ai une soif pas possible et je suis à sec dans mon placard. Il faut que j'aille taper dans mon stock.

Alfred passe à la cuisine et, dès qu'il est entré, Bertrand et Prunelle ressortent de la salle de bains.

BERTRAND - Tout a l'air parfaitement normal. Pas de problème.

PRUNELLE - Et le robinet ne fuit même pas.

BERTRAND - Je l'avais bien dit. Vous aviez mal vu.

PRUNELLE - Mais pas du tout ! C'était vous qui prétendiez qu'il fuyait.

BERTRAND - Bon, ça va bien avec ce robinet. On ne va pas en faire une pendule.

PRUNELLE - C'est vrai. Surtout que ce ne serait pas pratique pour avoir l'heure. *(Elle porte machinalement sa main à l'oreille.)* Oh ! zut ! Ma boucle ! J'ai perdu ma boucle ! Je l'avais il y a cinq minutes. Je l'ai sûrement perdue ici. Elle a dû tomber par là. *(Elle montre l'avant-scène.)*

BERTRAND - Où ça ? Par là ?

PRUNELLE - Par là. *(Elle se met à chercher à quatre pattes d'un coté de la scène.)* Une boucle offerte par Edouard. *(Elle invite Bertrand à chercher aussi.)* Il faut la retrouver.

Bertrand renâcle un peu avant de se mettre également à quatre pattes sur l'avant-scène du coté opposé à Prunelle.

BERTRAND - Qu'est-ce qu'il ne faut pas faire pour être agréable à ces dames !

Ils cherchent chacun de leur coté, face au public. Ils ne voient pas Alfred qui sort de la cuisine en contemplant la bouteille qu'il tient à la main. Alfred ne voit pas non plus Bertrand et Prunelle.

ALFRED - C'est que le stock diminue à vue d'œil ! Va falloir en racheter d'autres. *(Il rentre dans son placard.)*

PRUNELLE *(qui relève la tête et s'adresse par erreur à Bertrand)* - Comment ça en racheter d'autres ? Facile à dire ! Pour moi, elle a une valeur sentimentale.

BERTRAND - Mais j'ai rien dit moi !… Elle n'est pas ici. Vous ne l'auriez pas perdue à la salle de bains ?

PRUNELLE - Peut-être. Allons voir.

Ils passent à la salle de bains, toujours à quatre pattes. Dès qu'ils sont sortis de scène, Alfred ressort de son placard avec des bouteilles vides sous le bras.

ALFRED - C'est pas tout de boire les pleines, mais après il faut se débarrasser des vides, sinon t'es envahi par les cadavres. Et si jamais t'en as une qui te roule sous le pied, je t'explique pas le double saut périlleux arrière avec triple axel vrillé.

Alfred passe à la cuisine et aussitôt Bertrand et Prunelle ressortent de la salle de bains.

BERTRAND - Si vous l'aviez perdue là, on l'aurait vue tout de suite sur le carrelage. Et à la cuisine, vous êtes allée à la cuisine ? *(Il met la main sur la poignée et va pour entrouvrir la porte.)*

PRUNELLE - Non, pas du tout.

BERTRAND - Bon, alors elle ne peut être qu'ici.

Ils se remettent à chercher à quatre pattes pendant qu'à leur insu, derrière eux, Alfred passe de la cuisine à son placard, une bouteille pleine à la main. Même scène que précédemment.

ALFRED - Voilà, quand tout est bien rangé rien ne se perd. *(Il rentre dans son placard.)*

PRUNELLE - Vous êtes marrant ! Bien sûr que si, ça se perd ! La preuve.

BERTRAND - Mais j'ai rien dit moi !

PRUNELLE - Et puis maintenant vous me faites douter. Peut-être bien que je suis allée aussi à la cuisine.

BERTRAND *(agacé)* - Bon, alors je suppose qu'il faut aller voir.

Ils passent à la cuisine et Alfred sort de son placard.

ALFRED - C'est pas tout de boire des canons, ça t'enlève la soif mais après t'es bien obligé d'aller faire un tour au petit pipi si tu veux dormir peinard après et pas courir toute la nuit. *(Il aperçoit la boucle par terre.)* Tiens, qu'est-ce qui c'est que ça ? Encore la quincaille des nénettes qui trafiquent par ici. Du toc. Pas une thune que ça vaut. Même pas de quoi se payer un litron.

Il la jette négligemment sur la table et passe à la salle de bains. Bertrand et Prunelle ressortent alors de la cuisine.

PRUNELLE - Rien ! Rien ! C'est désespérant. Moi, je tiens à cette boucle de mon Edouard. Allez, aidez-moi. Il faut chercher encore.

BERTRAND *(très agacé)* - Prunelle, j'en ai assez. Votre boucle elle commence à me sortir par les yeux.

PRUNELLE - Tant mieux. Comme ça vous la verrez tout de suite.

BERTRAND - Ah ! c'est drôle, mais moi j'en ai marre !

PRUNELLE *(en pleurs)* - C'est mon Edouard qui me l'avait offerte. C'est un cadeau qui a une histoire. Si on ne la retrouve pas, je fais une déprime et je me mets en arrêt maladie.

BERTRAND - Et voilà ! Le chantage maintenant ! Je fais comment, moi, si vous arrêtez le boulot ? Bon, alors on se remet à chercher.

Ils se remettent à quatre pattes. Mme Bertrand entre et les regarde avec surprise.

MME BERTRAND - Mais qu'est-ce que vous faites là tous les deux ?

BERTRAND ET PRUNELLE *(en chœur)* - On cherche une boucle.

PRUNELLE - Une boucle que c'est mon Edouard qui me l'avait offerte.

MME BERTRAND - Quand on perd une boucle, c'est toujours à la salle de bains en se peignant. *(Elle met la main sur la poignée de la porte de la salle de bains.)*

BERTRAND - C'est pas la peine, on a déjà cherché partout.

PRUNELLE - Mais oui, vous avez raison, ça me revient ! Je me suis recoiffée, mais à la cuisine, après avoir relevé le compteur dans le placard à balais.

MME BERTRAND - Eh bien, voilà ! Heureusement que j'arrive. Allons voir.

Ils passent tous les trois à la cuisine et Alfred sort de la salle de bains en se frottant le ventre.

ALFRED - Voilà, cette fois je pense que tout va bien. Je vais enfin pouvoir faire un petit somme. *(Il met machinalement la main sur sa ceinture.)* Zut ! Mon bouton. J'ai perdu mon bouton. C'est très grave. On commence par perdre son bouton et on finit par perdre son pantalon. Où est-ce qu'il a été rouler ?

Il se glisse sous la table ou le bureau pour chercher son bouton. Les Bertrand et Prunelle sortent de la cuisine.

Mme Bertrand - Mais enfin, vous êtes sûre de l'avoir perdue là ?

Alfred *(machinalement)* - Bien sûr que je l'ai perdu là.

Mme Bertrand *(à Bertrand)* - Arrête tes bêtises toi. Je parle à Prunelle.

Bertrand - Mais j'ai rien dit moi !

Mme Bertrand *(qui voit la boucle de Prunelle sur la table)* - Votre boucle, elle est là, sur la table.

Prunelle - Alors ça !

Bertrand - Ah ! ben alors !

Prunelle - Depuis le temps qu'on la cherchait !

Bertrand - C'est pas possible !

Mme Bertrand - Je me demande si vous ne me faites pas marcher tous les deux. Elle ne pouvait pas être plus en vue et vous étiez là, le nez sur la moquette. Tiens, vous n'avez même pas vu ce bouton que Bertrand a dû perdre et qu'il va encore falloir recoudre.

Bertrand *(qui examine sa veste et son pantalon)* - Mais pas du tout ! Il n'est pas à moi. Et peu importe ce bouton ; on a déjà perdu assez de temps comme ça avec la boucle de Prunelle, on ne va pas recommencer avec un bouton. Je vous rappelle que vous êtes attendues chez Montmur et Dutoit et que vous allez encore être en retard. Je vous accompagne à la voiture.

Mme Bertrand pose machinalement le bouton sur la table et ils sortent tous les trois. Dès leur sortie, Alfred ressort de dessous le bureau ou la table où il était caché.

Alfred - Cette fois-ci, c'est encore passé près. Enfin bon, ils m'ont retrouvé mon bouton. C'est déjà pas mal. Quoique c'est la moindre des choses : je leur avais bien retrouvé leur boucle ! Comme ça on est quitte. Bon, c'est pas tout mais il vaut mieux ne pas s'attarder ici. Ne prenons pas de risques et regagnons rapidement nos pénates.

Il retourne dans son placard alors que Bertrand est de retour.

BERTRAND - Pff... J'ai bien cru qu'on n'allait jamais s'en sortir. On commençait à tourner en rond avec cette boucle. Et ce bouton allait m'en faire pousser partout sur la figure, au risque de ne plus être présentable pour recevoir Maud, qui d'ailleurs ne devrait plus tarder... *(Arrivée de Maud.)*... et qui est même déjà là... *(A Maud.)* Maud, vous êtes merveilleuse.

MAUD - Vous m'attendiez ?

BERTRAND - Avec une impatience que vous ne pouvez imaginer.

MAUD - Détrompez-vous, je connais bien les hommes. La preuve : merci pour les fleurs, mais ce n'est certainement pas vous qui les avez choisies.

BERTRAND - Ah... euh... c'est-à-dire que... j'ai fait confiance à... à la fleuriste.

MAUD - Et elle en aurait profité pour vous refiler un vieux bouquet en solde. Je n'arrive pas à le croire !

BERTRAND - Un vieux bouquet en solde ! A ce point ?

MAUD - A ce point. J'ai même failli ne pas venir tant j'étais déçue.

BERTRAND - Maud, je suis sincèrement désolé. C'est un mauvais coup de la concierge qui...

MAUD - De la concierge ! Vous n'avez pas pu vous charger vous-même des fleurs que vous m'offrez ? Vous aggravez votre cas, Bertrand.

BERTRAND - Je suis désolé, Maud. Sincèrement désolé.

MAUD - Vous me l'avez déjà dit. Soyez plus original.

BERTRAND - Maud, je suis dés... Pardon, je... Vous me troublez tellement que je ne sais plus où j'en suis. Vous... Vous voulez boire quelque chose ?

MAUD - Enfin une proposition intéressante. Oui, merci. Une vodka-orange avec des glaçons.

BERTRAND - Une vodka-orange avec des glaçons… Bien sûr… Je… Je n'ai pas vérifié le contenu du bar mais je m'en occupe. *(A part.)* Quelle idée de lui proposer à boire alors que je n'ai rien prévu ! Je vais quand même voir s'il ne reste pas un fond de quelque chose à la cuisine.

Bertrand passe à la cuisine.

MAUD - Faites vite, merci. *(Pour elle-même.)* Il est gentil, mais il manque un peu de classe. Moi je préfère les hommes au style grand seigneur, m'offrant avec assurance, œil de velours et sourire charmeur, un verre de vodka d'une main et de l'autre une rose rouge.

BERTRAND *(revenant)* - Je n'ai trouvé que du vin rouge.

MAUD - Eh bien, ce n'est pas rose.

BERTRAND - Je suis dés… euh… je veux dire… euh… excusez-moi Maud, mais comprenez-moi, je viens juste d'ouvrir, je n'avais pas pensé à tout. Je vais rapidement combler ces lacunes. En attendant, heureusement il y a ce… ce vieux grand cru. C'est… du… du Pressoir des Papes, sûrement un grand millésime.

ALFRED *(passant la tête par la porte entrebâillée du placard)* - Mon Pressoir des Papes ! Il va me boire mon Pressoir des Papes c't'enfoiré ! *(Il referme la porte.)*

MAUD - Merci, sans façons. Je bois rarement du vin rouge dans la journée, comme ça, à l'improviste. A la rigueur j'accepterais une coupe de…

Arrivée de Mme Bertrand.

MME BERTRAND - J'ai oublié de prendre mon… *(En voyant Maud.)* Ah ! bravo ! C'est bien ce que je craignais. Tu es là en galante compagnie. Je savais bien que je te surprendrais un jour. Satyre ! Ignoble individu ! Obsédé sexuel !

MAUD *(à part)* - Aïe aïe aïe ! Là, je regrette vraiment d'être venue.

BERTRAND *(à sa femme)* - Mais mon poussin…

MME BERTRAND - Oh ! je t'en prie, pas de « poussin » devant ta poule !

MAUD - Oh ! madame !

MME BERTRAND - Vous, taisez-vous ! Et toi je t'avais prévenu. Mon avocat contactera le tien dès demain. Et je reprendrai toutes mes parts de la société.

BERTRAND *(affolé)* - Ah non ! Pas les parts de la société !

MME BERTRAND - Voilà une réponse qui m'éclaire sur la qualité de tes sentiments. Ainsi, tout est beaucoup plus clair. *(A Maud.)* Et vous, la poule, je vous préviens : je vous le laisse, mais ruiné. Vous entendez ? Ruiné !

MAUD - Ruiné ?

MME BERTRAND - Ruiné. Jusqu'au dernier centime.

MAUD - Ah !

MME BERTRAND - Ça vous la coupe, hein ! Mais à lui aussi, j'ai l'impression.

BERTRAND - Euh… oui… euh… non. Ecoute, mon poussin, laisse-moi t'expliquer. C'est un malentendu. Cette dame est là pour… pour… pour raison professionnelle.

MME BERTRAND - Une professionnelle ! De mieux en mieux. Tu fais venir des professionnelles pour garnir ton hôtel de passe et tu étais sans doute en train de lui faire passer des tests !

MAUD - Oh ! mais c'est odieux !

MME BERTRAND - Vous, taisez-vous !

BERTRAND - Mais pas du tout ! Mais où vas-tu chercher tout ça ? *(A part.)* Je ne sais pas où elle va chercher tout ça, mais elle trouve.

Moi, par contre, je ne trouve pas. *(A sa femme.)* Ecoute-moi. Madame est là parce que… parce que… pour… pour son travail. Elle est venue pour voir si la… si les… *(A part.)* Les toilettes bouchées ou le robinet qui fuit, c'est pas la peine, elle ne me croirait pas. *(A sa femme.)* Elle est venue pour vérifier si… la… la…

MME BERTRAND - « Si… la… la… » Et bientôt couchée, le dos sur le sol. Arrête ta musique !

BERTRAND *(qui vient de trouver une bonne réponse)* - La comptabilité. C'est ça ! La comptabilité. Madame c'est la… la… l'agent de… du… du fisc… Voilà. C'est… c'est l'inspectrice des impôts. *(Soulagé.)* Voilà, c'est ça, c'est l'inspectrice des impôts. *(Très affirmatif.)* L'inspectrice des impôts. *(A part.)* Ouf ! je reviens de loin et je me demande où je vais chercher tout ça !

MME BERTRAND - L'inspectrice des impôts ! *(A Maud.)* Vous êtes inspectrice des impôts ?

> *Derrière le dos de sa femme, Bertrand fait des signes affirmatifs à Maud.*

MAUD *(très troublée)* - Je… Je… Ah oui… Oui. Je suis l'inspecto des imports… euh… l'inspectrice des impôts. Effectivement. Voilà… Voilà, voilà.

BERTRAND *(triomphal)* - C'est l'inspectrice des impôts. Voilà, voilà.

MME BERTRAND *(à part, à Bertrand)* - Et tu as l'air ravi, alors que tu as une comptabilité complètement trafiquée. Ça ne te dérange pas plus d'avoir un contrôle fiscal ? *(A Maud.)* Parce que vous venez bien pour un contrôle fiscal ?

MAUD *(toujours troublée)* - Un contrôle fiscal ? Euh… oui. *(Gestes de négation de Bertrand dans le dos de sa femme.)* Enfin non, pas vraiment, je viens pour…

BERTRAND - … Pour un conseil fiscal. Un conseil, pas un contrôle. C'est pourquoi je ne suis pas trop inquiet…

MME BERTRAND - Ah bon. Vous faites du conseil fiscal ?

MAUD - Oui, voilà, du conseil fiscal. C'est pour… pour aider les gens à… à mieux faire leur… leur…

BERTRAND - … Leur comptabilité.

MME BERTRAND - Eh bien, tant mieux. Avec mon mari, vous ne pouvez pas mieux tomber, parce que, quand il va vous montrer la sienne, vous ne serez pas déçue. Tenez, par exemple : comment faites-vous quand vous avez du matériel acheté d'occasion, en liquide, avec la T.V.A. récupérable et que vous amortissez en trois ans au lieu de cinq ?

MAUD - Eh bien, euh… vous passez une écriture en… en…

BERTRAND - Mais tu vois bien que tu embêtes madame ! Elle n'a pas le dossier sous les yeux. Elle vient d'arriver et doit repartir d'urgence pour… pour…

MME BERTRAND - D'urgence ? Vous avez quand même pris le temps de faire connaissance autour d'un verre de rouge. C'est d'ailleurs tout à fait de circonstance. Nos bénéfices sont tellement réduits que nous en sommes nous-mêmes réduits… au vin rouge. Nous aurons bien besoin de vos conseils pour remonter la pente.

MAUD - Vous pouvez compter sur moi. Mais dans l'immédiat, je dois vous laisser.

MME BERTRAND - Vous partez déjà ? Vous ne nous conseillez pas plus ?

BERTRAND - Madame va passer à l'agence. Elle verra les cas avec Prunelle et nous fera un rapport.

MAUD - Voilà, je vous ferai un rapport. Et je vous donnerai des conseils. Des conseils tellement fructueux que la prochaine fois vous pourrez m'offrir de la vodka-orange et des roses rouges.

Maud sort.

Mme Bertrand - Alors là, il ne faudrait pas exagérer. On ne va quand même pas offrir des fleurs à l'inspectrice des impôts ! Hein, mon poussin ?

Bertrand *(très troublé)* - Oh non ! Mon inspectrice, on ne va quand même pas offrir des poussins à l'impôt sur les fleurs.

Mme Bertrand - Tu ne serais pas un peu dérangé toi ? C'est cette femme qui t'a troublé ?

Bertrand - Troublé ? Moi ? Alors là… alors là… pou du tas… euh… pu du trou… pas du tout… je suis… je suis…

Mme Bertrand - Bon, tu réfléchis pour savoir ce que tu es. Moi j'ai déjà ma petite idée, mais je ne te la dis pas. Ça pourrait te faire de la peine. Bon, ceci dit, je te laisse. J'ai rendez-vous chez le coiffeur. On m'a donné une bonne adresse. Un salon très bien, paraît-il : Défini-Tif Maud.

Bertrand *(affolé)* - Défini-Tif Maud ! Défini-Tif Maud ! Tu vas aller chez Défini-Tif Maud ?

Mme Bertrand - Oui. Tu connais ?

Bertrand - Si je connais ? Ah oui ! Euh… non. Enfin, je… j'ai entendu parler. *(Très excité.)* Il ne faut surtout pas y aller. C'est un salon horrible. Un… un antre du sadomasochisme. Avec des coiffeurs déguisés en haltérophiles, d'autres en… en marins danois. Ils t'arrachent les cheveux un par un. C'est terrible. C'est cher. Et pas très propre. Un conseil : ne change pas tes bonnes vieilles habitudes. Tes cheveux te diront merci.

Mme Bertrand - Ah bon ! A ce point ? Alors tant pis. J'irai chez Solange, comme d'habitude.

Bertrand - Oh oui ! Va mon poussin, va chez Solange. C'est tellement mieux chez Solange…

Mme Bertrand - Tu es quand même un peu bizarre aujourd'hui. Il faudra que je pense à te faire une camomille ce soir.

Mme Bertrand sort.

BERTRAND - Je n'aurais jamais dû louer ce studio. Je vais y laisser ma peau. Ce sera un accident du travail et il ne sera même pas reconnu par la Sécurité sociale. *(Il se sert et boit un verre de rouge.)* Beurk ! Et ce rouge dégueu qui sort de je ne sais où… Je pense préférable de faire une folie et de m'offrir tranquillement un verre au café du coin.

Bertrand sort.

ALFRED *(qui sort de son placard)* - Il est gonflé ce mec ! Il boit mon rouge et après il le critique ! S'il trouve que le vin n'est pas bon chez les autres, il n'a qu'à rester chez lui. Non mais des fois… *(Il boit un verre.)* Il est fameux ce picrate. Je devrais pas le laisser à la cuisine, on pourrait me le piquer. La preuve ! Mais j'ai tellement peu de place dans mon placard… Et pareil pour les calendos. J'en ai encore un petit stock d'avance. J'espère que personne ne va aller y mettre son nez. Surtout que si quelqu'un met son nez dessus, il ne sera pas déçu du voyage. *(Bruits de voix derrière la porte.)* Et zut ! Encore du monde. Pas moyen d'être tranquille.

Il rentre dans son placard. Arrive Prunelle accompagnée de la véritable inspectrice des impôts, Mlle Faucheblé.

L'INSPECTRICE - Reconnaissez que c'est une coïncidence étonnante. Je loue un studio-bureau pour travailler tranquillement près de mon lieu de travail et le hasard veut que je le loue précisément à l'agence où je dois faire le contrôle fiscal. C'est amusant, non ?

PRUNELLE *(plutôt gênée, la tête basse)* - Très. Très amusant.

L'INSPECTRICE - Allons, ne faites pas cette tête ! Vous ne risquez rien, vous. Le contrôle fiscal ne concerne pas les employés, mais uniquement le patron. Lorsque le vôtre va savoir que l'inspectrice des impôts chargée de vérifier sa comptabilité est également sa locataire, il va faire une drôle de tête !

PRUNELLE - Une drôle de tête et même une sale gueule, c'est certain.

L'INSPECTRICE - Bertrand Bertrand, c'est rigolo. C'est deux associés ?

PRUNELLE *(avec un débit très rapide)* - Non, simplement les parents Bertrand manquaient d'imagination. Ils trouvaient que Bertrand c'était aussi un beau prénom et comme personne dans la famille Bertrand ne s'était déjà prénommé Bertrand avant Bertrand, ils ont décidé que le petit Bertrand se prénommerait Bertrand et il est devenu Bertrand Bertrand. C'est ébertrand… euh… c'est étonnant.

L'INSPECTRICE - C'est très subertrant… très surprenant. Et en parlant de prénoms, ce qui est aussi très surprenant c'est que vous m'avez fait faire le chèque de location à Edouard tout court.

PRUNELLE - Edouard tout court ?

L'INSPECTRICE - Oui. Edouard tout court. Et non pas au nom de l'agence Bertrand Bertrand. Ce ne serait pas par hasard pour dissimuler une partie des recettes et trafiquer la comptabilité ? Vous savez que le fisc est intransigeant là-dessus. Si je découvre la moindre anomalie je fais le redressement fiscal, avec amende évidemment.

PRUNELLE - Un redressement fiscal ! Avec amende !

L'INSPECTRICE - Evidemment.

PRUNELLE - Evidemment.

L'INSPECTRICE - Mais ne soyez pas inquiète. Je vous répète que seul votre patron est concerné par le contrôle fiscal. S'il utilise un prête-nom pour dissimuler des recettes il le regrettera. *(Sentencieuse.)* Voyez-vous, l'impôt équitablement prélevé sur les revenus de l'ensemble des citoyens est une des bases de notre démocratie. Celui qui s'y soustrait sape les bases de notre société et il doit être châtié sans complaisance.

PRUNELLE - Oui, bien sûr. Mais vous savez, pour le chèque, si vous pouviez me le refaire au nom de l'agence Bertrand ce serait mieux. Parce que j'ai dû confondre avec mon ancien employeur.

L'INSPECTRICE - Ah bon ! Vous êtes nouvelle dans cette agence ?

PRUNELLE - Heu… oui… enfin, non… c'est… c'est plutôt les nouvelles qui seraient mal agencées. Vous savez, il ne faut pas vous arrêter à ce chèque. *(Elle le sort de son sac.)* D'ailleurs, tenez, je le déchire. Terminé, on n'en parle plus. Je ne vous connais pas. Je ne vous ai jamais vue. Je vous laisse. Au revoir. *(Elle lui met les morceaux du chèque dans la main et elle sort en courant.)*

L'INSPECTRICE - Eh bien, en voilà une attitude ! Mais quelle mouche l'a piquée ? Décidément, cette agence me semble de plus en plus bizarre. Il va falloir que j'examine les comptes de près. S'ils sont aussi farfelus que le personnel, il y a du souci à se faire.

Pendant ce temps, dans son dos, entre un squatter, style très loubard et peu avenant. Il voit d'un air contrarié qu'il y a déjà du monde dans l'appartement.

LE SQUATTER *(à part)* - Et zut ! Y'a encore du monde ! *(A l'inspectrice.)* Eh ! qui t'es toi ?

L'INSPECTRICE *(surprise et apeurée)* - Ah… oh… mais… mais qui êtes-vous ? Que faites-vous là ?

LE SQUATTER - La même chose que toi. Et puis qui t'es ? D'où tu sors ? T'étais pas là avant. T'es de quelle bande ?

L'INSPECTRICE *(faussement autoritaire)* - Je n'ai pas de comptes à vous rendre sur ma présence ici et la vôtre est incongrue. Je vous demande de sortir.

LE SQUATTER - Hé là ! Doucement marquise ! Tu m'as l'air un peu trop bourge pour venir occuper notre squat. C'est pas parce qu'on nous a mis en taule quelque temps qu'il faut croire que t'as le droit de t'installer ici.

L'INSPECTRICE *(qui se précipite sur le téléphone)* - Sortez ou j'appelle la police !

Le squatter *(qui l'intercepte avant qu'elle ne décroche)* **-** Si tu touches au téléphone, je te le fais bouffer. En travers. *(L'inspectrice se recule jusqu'au mur, apeurée. Il lui parle sous le nez, assez agressif.)* Bon, alors tu te calmes. Si tu veux rester ici, tu restes. J'en ai rien à cirer. Mais faudra pas déranger. Y'a mon pote Jojo qui devrait arriver bientôt pour crécher ici, comme avant. Alors t'as pas intérêt à venir mettre la zizanie. Sinon je te fais passer par la fenêtre. En travers.

L'inspectrice - En travers ou au travers ?

Le squatter - En travers et au travers. Fais pas ta maligne. Je te dis que t'as pas intérêt à jouer les aguicheuses, sinon... *(Il l'examine.)* Quoique, avec la dégaine que t'as, ça m'étonnerait que tu puisses attirer grand monde. A moins que le Jojo ait envie de s'encanailler avec une simili bourgeoise.

L'inspectrice - Une simili bourgeoise ?

Le squatter - Non mais tu t'es regardée dans la glace ? Si tu veux zoner par ici faudra changer de look. Tu vas faire rire tout le monde avec ton style B.C.B.G. C'est pas le style du squat.

L'inspectrice - C'est pas le style du squat ?

Le squatter - Pas vraiment, non. En attendant, je t'ai prévenue. Si tu veux rester, tu restes. Mais tu te fais toute petite, mais alors toute petite petite dans un coin. Jojo et moi on était là avant. On tient à notre espace et à notre confort. D'ailleurs, à ce sujet, je vois que tu as tout bien nettoyé. Félicitations, c'est bien propre. Continue. Bon, moi je retourne en ville. Allez, salut marquise. Et rappelle-toi bien : quand Jojo le Terrible va arriver, t'as intérêt à baisser les yeux et à te faire toute petite dans ton coin.

Le squatter sort.

L'inspectrice - Non mais je rêve là ! Je rêve ! Et je vais sûrement me réveiller. Je vais essayer de me pincer ou de me mettre des gifles, ça me réveillera. Et je me dirai que tout va bien, que je suis une inspectrice des impôts normale, qui a loué un studio normal, pour faire un contrôle fiscal normal dans une agence immobilière normale et que… tout est normal. *(Elle se met une gifle.)* Ouh là ! Ça fait mal. Donc je suis bien réveillée. Donc rien n'est normal et je me demande bien ce qu'il va encore m'arriver.

Arrivée de Bertrand.

BERTRAND *(à part)* - Mais qui c'est celle-là ? Qu'est-ce qu'elle fait là ? *(A l'inspectrice.)* Mademoiselle, puis-je savoir ce que vous faites ici ?

L'INSPECTRICE *(complètement terrorisée)* - Ah ! mon Dieu ! Jojo ! C'est Jojo !

BERTRAND *(à part)* - Mais qu'est-ce qu'elle dit ? Jojo ?

L'INSPECTRICE *(qui se fait toute petite dans un coin)* - Jojo, je baisse les yeux, je me fais toute petite, toute petite dans mon coin. Je vais vous laisser toute la place à vous et à votre ami. Comme je n'ai pas le style du squat, je m'en vais tout de suite. Je changerai de look après. Le temps de prendre ma valise et je pars.

BERTRAND *(à part)* - Mais qu'est-ce qu'elle me raconte ? *(A l'inspectrice.)* Mais enfin, expliquez-vous plus clairement. *(A part.)* Elle a l'air complètement paumée cette pauvre fille. *(A l'inspectrice.)* Mais enfin, remettez-vous. Regardez-moi.

L'INSPECTRICE - Non, non, Jojo. Votre ami m'a interdit de vous regarder dans les yeux. Il m'a dit de me faire toute petite. J'obéis. Ne me faites pas de mal. Laissez-moi partir, je vous en supplie.

BERTRAND *(à part)* - Décidément, c'est le jour. Si je ne meurs pas cardiaque, je vais me retrouver à l'asile psychiatrique avec dix ans d'un coup. *(Très charmeur, à l'inspectrice.)* Mademoiselle, je ne m'appelle pas Jojo et je ne comprends rien à ce que vous me racontez. Ce qui ne vous empêche pas d'être charmante. Mais votre ramage n'est pas en accord avec votre plumage. Ce qui ne vous empêche pas d'être mon hôte et de me mettre en émoi. *(A part.)* Par moment je suis très inspiré avec les jolies femmes. Mais il ne faut pas que je leur offre à boire.

L'INSPECTRICE - Vous n'êtes pas Jojo ?

BERTRAND - Jojo ? Mais pas du tout ! Je ne connais pas de Jojo d'ailleurs.

L'INSPECTRICE *(à part)* - C'est vrai qu'il n'a pas le style de l'autre. *(A Bertrand.)* Mais alors, si vous n'êtes pas Jojo, qui êtes-vous ?

BERTRAND *(toujours charmeur)* - Bertrand Bertrand, pour vous servir. Directeur de l'agence immobilière Bertrand Bertrand.

L'INSPECTRICE - Vous êtes le directeur de l'agence Bertrand Bertrand ?

BERTRAND - Lui-même. Gestionnaire de ce studio où j'ai le grand plaisir de vous trouver, un peu effarouchée. Mais j'aurai grand plaisir à vous rassurer, dès que vous m'aurez dit ce qui vous amène dans mon studio.

L'INSPECTRICE *(rassurée)* - Ah ! quelle bonne nouvelle ! Les choses redeviennent enfin simples et normales. Je me présente : je suis mademoiselle Faucheblé, inspectrice des impôts. Je suis là pour faire un contrôle fiscal approfondi de la comptabilité de votre agence.

BERTRAND *(incrédule)* - Vous êtes une inspectrice des impôts ? Une vraie inspectrice des impôts ? Une vraie de vraie ?

L'INSPECTRICE - Une vraie de vraie, bien sûr. Tenez, voilà ma carte.

BERTRAND *(effaré)* - Une vraie inspectrice qui vient faire un vrai contrôle fiscal de ma comptabilité ?

L'INSPECTRICE *(amusée et reprenant nettement le dessus)* - Une vraie inspectrice qui vient faire un vrai contrôle fiscal de votre vraie, et peut-être même de votre fausse comptabilité. Qui sait ?

BERTRAND - Moi ! Quand je disais que ce studio me portait la guigne ! *(Il se trouve mal et s'évanouit sur une chaise ou un fauteuil.)*

L'INSPECTRICE - Mon Dieu ! Le voilà qui se trouve mal ! Et moi me voilà bien ! Qu'est-ce que je vais faire ? *(Elle le secoue.)* Monsieur ! Monsieur Bertrand !… Ah là là ! S'il meurt avant le contrôle, qu'est-ce que le chef va me mettre ! Monsieur Bertrand, réveillez-vous !… Rien à faire… Il ne me reste plus qu'à essayer le bouche-à-bouche. *(Elle se met à lui faire du bouche-à-bouche, en prenant ostensiblement de grandes inspirations.)*

BERTRAND *(qui revient doucement à lui)* - Oui… oui… ah oui…

L'INSPECTRICE - Ça y est, ça a l'air de faire effet. *(Arrivée de Mme Bertrand et de tante Antonine.)* Encore un petit effort.

BERTRAND - Oui… oui… ah oui… encore…

MME BERTRAND - Encore ! Mais c'est incroyable ! Je vais t'en fournir, moi, des « encore » ! Cette fois, c'est flagrant ! *(Elle le frappe avec son sac.)* Satyre ! Odieux personnage !

BERTRAND *(encore un peu perdu)* - Mais… mais… Ah ! c'est toi mon poussin !

MME BERTRAND - Je croyais t'avoir déjà dit qu'il était superflu de m'appeler « mon poussin » devant tes poules.

L'INSPECTRICE - Oh ! madame !

MME BERTRAND - Vous, taisez-vous !

BERTRAND - Mais mon poussin…

MME BERTRAND *(qui le frappe à nouveau avec son sac)* - Ferme ton bec espèce de vilain coq au rabais !

BERTRAND *(qui ne réalise toujours pas ce qui lui arrive)* - Ah ! Ah oui ! Ah bon !

L'INSPECTRICE - Ça y est, ça recommence. Je refais un cauchemar.

MME BERTRAND - Tu te rends compte, ma pauvre tante ? Et en plus tu es témoin de cette abomination.

TANTE ANTONINE - Je suis témoin et je témoignerai contre lui.

BERTRAND *(inquiet)* - Mais enfin, qu'est-ce qu'il se passe ? Que m'est-il arrivé ?

MME BERTRAND - Arrête ton cinéma. Tu joues mal, don juan de pacotille. Cette fois tu ne me diras pas que c'est ton conseiller fiscal, celle-là ! *(Elle amène sans ménagement l'inspectrice devant Bertrand.)*

BERTRAND *(qui réalise soudain)* - Ah !… Ah !… L'in… L'in… Ah !… L'in… L'in… *(Il s'évanouit à nouveau.)*

TANTE ANTONINE - Eh bien, dites donc, mademoiselle Linlin, vous lui faites un drôle d'effet à mon neveu.

MME BERTRAND - Mademoiselle Linlin, rassurez-vous, je ne vous ferai pas de scène. J'avais déjà prévenu mon mari. Nos avocats régleront le divorce. Je vous le laisse, mais je vous le laisse ruiné. Vous entendez ? Ruiné !

TANTE ANTONINE - Ruiné ! Vous entendez ? Ruiné !

MME BERTRAND - Ah ! monsieur voulait une garçonnière ! Il croyait me faire avaler le coup en la faisant passer pour un studio-bureau loué à la journée. C'est loupé ! Qu'il la garde sa garçonnière. Et vous avec. Mais sans le sou ! Vous entendez ? Sans le sou !

TANTE ANTONINE - Sans le sou ! vous entendez ? Sans le sou !

L'INSPECTRICE - Je suis désolée mais je ne comprends rien à tout ce qu'il se passe et pas grand-chose à ce que vous me reprochez. Par moments je me demande si je rêve tout éveillée ou si je suis dans le même état que votre mari. Ce qui m'inquiéterait car il n'a pas l'air guilleret, guilleret…

TANTE ANTONINE - Bien sûr, c'est vous qui l'épuisez !

MME BERTRAND *(examinant Bertrand)* - C'est vrai qu'il n'a pas l'air bien. Vous auriez pu faire attention. A son âge, les jeunes filles, ça peut lui être fatal.

L'INSPECTRICE - Merci pour la femme fatale, mais si vous m'écoutiez trente secondes, vous comprendriez que le simple fait de lui annoncer que j'étais inspectrice des impôts et que j'allais vérifier sa comptabilité a suffi à le mettre dans cet état.

MME BERTRAND - Oui, alors là, ça va bien ! Le coup de l'inspectrice des impôts, il me l'a déjà fait avec une autre. Vous devriez trouver autre chose. Dites-moi que vous êtes… je sais pas moi… coiffeuse, par exemple, et peut-être que je vous croirai. Mais l'inspectrice des impôts il a déjà servi, c'est du réchauffé. Ma pauvre fille ! Il faudra renouveler vos personnages et mieux vous synchroniser avec mon mari.

TANTE ANTONINE *(qui constate que les membres de Bertrand sont sans réactions)* - Justement, il ne l'est pas du tout, synchronisé. Il n'a pas l'air bien du tout.

L'INSPECTRICE - Vous pourriez peut-être lui faire du bouche-à-bouche ?

MME BERTRAND - Ah ! bravo ! Comme cynisme, on ne fait pas mieux !

L'INSPECTRICE - Comme cynisme, je ne sais pas, mais pour ranimer quelqu'un, c'est très efficace. La preuve : lorsque vous êtes arrivée, je venais juste de réussir à le ranimer après son premier évanouissement.

MME BERTRAND - Je vous ordonne d'arrêter cette comédie !

TANTE ANTONINE - Parfaitement ! On vous ordonne d'arrêter cette comédie !

L'INSPECTRICE *(qui commence à s'énerver)* - Mais c'est pas vrai ! C'est pas possible ! Ça commence à bien faire ! Elles sont complètement bouchées ! *(Elle leur met sa carte professionnelle sous le nez.)* Et ça, qu'est-ce que c'est ?

MME BERTRAND *(incrédule)* - Inspectrice des impôts Faucheblé, ministère des finances… Alors vous êtes réellement… Et vous venez pour… Ah ! mon Dieu…

Elle s'évanouit sur une chaise ou un fauteuil proche de son mari, et ainsi ils se retrouvent tous deux évanouis l'un à côté de l'autre.

TANTE ANTONINE *(affolée, tapotant les mains de sa nièce)* - Mon petit, reviens ! Reviens !

L'INSPECTRICE - Décidément, j'ai une profession renversante.

TANTE ANTONINE - Et vous, faites quelque chose ! Vous voyez bien dans quel état ils sont tous les deux !

L'INSPECTRICE - Si vous voulez, je peux refaire du bouche-à-bouche à monsieur. A choisir, je préférerais.

TANTE ANTONINE - Non ! A lui vous lui mettez des baffes, c'est mieux.

L'INSPECTRICE - Je préférerais les mettre à madame, car elle n'a pas été très aimable avec moi.

TANTE ANTONINE - Ça suffit votre humour grinçant ! Allez plutôt chercher du secours chez la concierge.

L'INSPECTRICE - D'accord. Et pendant ce temps, n'en profitez pas pour vous évanouir. *(Elle sort.)*

Tante Antonine va de l'un à l'autre, en mettant des gifles à Bertrand.

TANTE ANTONINE - Allez, Bertrand ! Debout, espèce de satyre ! *(Elle cajole ensuite sa nièce.)* Allons, ma bibiche, réponds-moi ! Reviens, mon petit !

MME BERTRAND *(revenant à elle doucement)* - Oh ! ma pauvre tante, tout va mal !

TANTE ANTONINE - Oui, mais l'essentiel c'est que toi tu ailles mieux.

MME BERTRAND - Un peu. Je comprends mieux. Une inspectrice des impôts, un contrôle fiscal… alors que Bertrand a une comptabilité fantaisiste, complètement truquée. Et pour s'en sortir il essaie de séduire l'inspectrice. Encore une chance que ce soit une femme. *(Elle gifle Bertrand.)* Tu vas réagir, odieux personnage !

BERTRAND - Oui… Oui… Allô !… J'écoute… C'est pour quoi ?… Ah ! mon poussin !

MME BERTRAND - Je t'ai déjà dit que tu n'avais rien à dire. Et tu n'as même pas de souci à te faire pour ton contrôle fiscal puisque tu es ruiné. Tu étais prévenu. Je retire toutes mes parts de la société. Il ne te reste rien, même pas de quoi payer l'amende. Plus rien.

> *Complètement choqué et désemparé, Bertrand erre dans la pièce en titubant.*

BERTRAND - Plus rien… Plus rien… Plus de soucis, plus d'agence, plus d'inspectrice, plus de femmes qui me persécutent. Tout va très bien. Je nage dans la béatitude. *(Retour de l'inspectrice accompagné de la concierge. Dans son délire, il tombe dans les bras de Mme Badurin.)* Ah ! madame Badurin, vous aussi vous essayez de me discréditer en vous jetant dans mes bras ! C'est pas bien. Pas bien du tout.

LA CONCIERGE - Mais enfin, monsieur, remettez-vous ! Vous avez bu ?

BERTRAND - Non, non. Tout va bien. Je n'ai plus rien, je ne suis plus rien. Je n'existe plus. Je suis un fantôme, un ectoplasme, un trou noir. Pfut ! j'ai disparu ! *(Il tente de se dissimuler derrière la concierge.)*

MME BERTRAND - Bertrand ! Ça suffit ! Arrête ce cirque, tu aggraves ton cas.

BERTRAND - On n'aggrave pas un cas désespéré.

L'INSPECTRICE - Madame, je vous en prie, écoutez-moi et permettez-moi de plaider la cause de votre mari.

MME BERTRAND - Mon mari ! Alors dépêchez-vous, il ne l'est plus pour longtemps.

L'inspectrice - Ne soyez pas si intransigeante ! Je vous assure que votre mari a eu un gros choc lorsqu'il a compris que j'étais vraiment inspectrice des impôts. Tout comme vous d'ailleurs. Et c'est uniquement pour tenter de le ranimer après son évanouissement que je lui faisais du bouche-à-bouche. Je reconnais que j'étais moins enthousiaste pour vous faire la même chose, car ma conscience professionnelle a des limites. Votre mari est et reste mon client. Vous pouvez être tranquille. Il n'y a rien entre lui et moi.

Mme Bertrand - Il n'a pas tenté de vous séduire ?

L'inspectrice *(amusée)* - Pas du tout ! Je vous rassure. Je suis incorruptible. A tous points de vue. Je ferai mon contrôle avec toute la rigueur qui s'impose, soyez sans crainte.

Mme Bertrand - Oui, je me demande ce que je dois craindre le plus… Mais je veux bien vous croire. *(A Bertrand.)* Quant à toi, essaie de te remettre les idées en place. En attendant la suite des événements, je veux bien mettre un sursis à ta ruine. Mais j'ai bien peur que le fisc ne s'en occupe à ma place. Tu vas sûrement avoir à lui donner un gros paquet.

La concierge - En parlant de paquet, je voudrais bien ne pas être montée pour rien. J'étais en train de faire mes cuivres, vous m'avez dérangée. Ça mérite bien une petite pièce.

Mme Bertrand - Bertrand, donne un petit quelque chose à Mme Badurin.

En protestant, Bertrand lui glisse une petite pièce.

La concierge - C'est vraiment un tout petit quelque chose. Vous savez, tout augmente. C'est comme les impôts. *(A part, à Bertrand.)* Et le silence est d'or, et même hors de prix.

Bertrand *(à part à la concierge, en lui glissant un billet)* - Un jour vous aurez un contrôle des impôts et un redressement fiscal.

La concierge *(à part à Bertrand)* - C'est très laid d'être mesquin et jaloux. *(Aux autres.)* Il n'est de meilleure compagnie qui ne se quitte. J'ai été très heureuse de passer ces agréables moments avec vous. Au plaisir.

La concierge sort.

L'INSPECTRICE - Bien. Tout semble redevenu normal. Maintenant, je pense que nous allons enfin pouvoir passer aux choses sérieuses. Alors, direction votre agence où je vais pouvoir éplucher tranquillement vos livres de comptes. N'est-ce pas, monsieur Bertrand ?

BERTRAND - Oui, bien sûr. Mais je pense que pour vous faire une meilleure idée de notre activité, vous devriez d'abord aller visiter nos immeubles avec Mme Bertrand. Vous pourrez ainsi faire un inventaire préalable.

MME BERTRAND - Ah bon ?

BERTRAND *(à part, à sa femme)* - Evidemment. Tu la promènes un moment et pendant ce temps je vais vite faire un tri dans la comptabilité parallèle.

MME BERTRAND - Tu crois que c'est possible ?

BERTRAND - Faut bien essayer, sinon on saute.

MME BERTRAND - Eh bien, essayons. *(A l'inspectrice.)* Oui, effectivement, je crois que c'est une bonne idée. Si vous voulez bien m'accompagner, nous allons faire le tour de nos immeubles pour l'inventaire.

L'INSPECTRICE - D'accord. Mais rapidement, car après j'ai toutes les écritures à vérifier.

BERTRAND - Bien sûr, bien sûr. Mais chaque chose en son temps. *(L'inspectrice et Mme Bertrand sortent. Bertrand se précipite alors sur le téléphone et appelle Prunelle à l'agence.)* Prunelle, préparez-moi rapidement tous les livres de comptes pendant que madame promène l'inspectrice. *(Retour de la concierge avec divers produits d'entretien et chiffons en main.)* On essaie de gagner un peu de temps. Moi je vous rejoins tout de suite. Je vais faire un peu de ménage. Et comme ça on gagnera peut-être aussi un peu d'argent.

LA CONCIERGE - Ah ! bravo ! Il y a des millions de chômeurs, mais ce n'est pas étonnant. Si en plus des gens comme vous se mettent à faire du ménage, ce sera en plus la mort de la profession. Vous devriez avoir honte d'enlever le pain de la bouche des petites gens.

BERTRAND - Oh ! vous, je vous dispense de vos réflexions incongrues ! Non seulement vous me faites du chantage à la discrétion alors qu'elle devrait être naturelle chez vous, mais en plus vous roulez le fisc en encaissant des pourboires que vous ne déclarez même pas. Mauvaise citoyenne ! C'est honteux, scandaleux. Vous devriez avoir honte.

Pendant que Bertrand lui fait des reproches, Mme Badurin est agenouillée et frotte les pieds de la chaise, alors que Bertrand, derrière le dossier, la regarde de haut.

LA CONCIERGE *(un peu honteuse et la tête basse)* - C'est promis, je ne recommencerai plus.

BERTRAND - Je l'espère bien. Vous pouvez aller en paix ma fille. Vous réciterez deux Pater et trois Ave.

LA CONCIERGE - Merci mon père.

Bertrand sort.

FIN DU DEUXIÈME ACTE

TROISIÈME ACTE

Au lever de rideau, tante Antonine est seule en scène, en chemise et bonnet de nuit, chaussettes et pantoufles.

TANTE ANTONINE - J'aime bien me coucher de bonne heure, comme les poules. Certains trouvent cela ridicule, mais moi je ne suis pas du soir. Je vais me faire une petite camomille et ensuite au lit.

Elle passe à la cuisine et Alfred sort de son placard. Il est en maillot de corps et caleçon, une serviette sur l'épaule et se dirige vers la salle de bains.

ALFRED - Je vais me donner un petit coup d'éponge. C'est pas parce qu'on habite dans un placard qu'il ne faut pas se tenir propre.

Il entre à la salle de bains et tante Antonine sort de la cuisine, une tasse à la main.

TANTE ANTONINE - La camomille, c'est pas tellement bon. Alors je rajoute un peu de verveine, du tilleul, de la bourrache, de l'aubépine, du thym et de la menthe. Et puis un peu de rhum. C'est bien meilleur comme ça. *(Elle goûte sa tisane.)* Oh! zut! J'ai oublié le sucre.

Elle retourne à la cuisine et Alfred sort de la salle de bains.

ALFRED - Et voilà! Vite fait bien fait. Tout ce qui est mouillé c'est lavé, tout ce qui est lavé c'est propre.

Tante Antonine sort de la cuisine et ils se trouvent nez à nez.

TANTE ANTONINE - Encore vous!

ALFRED - Encore vous !

TANTE ANTONINE - Mais qu'est-ce que vous faites encore là ? Et dans cette tenue ?

ALFRED *(à part)* - Cette tenue ! Elle vaut la sienne ma tenue. Elle n'a pas dû se regarder dans la glace.

TANTE ANTONINE - Qu'est-ce que vous faites chez moi, à moitié déshabillé ? J'appelle la police, je vous préviens.

ALFRED *(affolé)* - La police ! Ah non ! Je… je… je venais vérifier le… la… la baignoire du robinet… à… à cause des fuites… et… je me suis mouillé, alors je… je vais vérifier le compteur. *(Il file rapidement à la cuisine.)*

TANTE ANTONINE - C'est plus possible ici. Je ne resterai pas une minute de plus dans ce studio de fous où tout le monde circule comme au supermarché. Je prends mes affaires et je vais dans un hôtel sérieux. Je ne sais pas s'il y a des fuites ici, mais moi je trouve plutôt que c'est le trop-plein.

Tante Antonine passe à la salle de bains. Alfred sort de la cuisine prudemment.

ALFRED - Y'a trop de monde ici. Faut toujours être sur ses gardes. C'est pénible à la fin. Plus moyen de manger, plus moyen de boire, plus moyen de se débarbouiller. Si ça continue, je vais finir par avertir le propriétaire.

Il rentre dans son placard et Bertrand arrive.

BERTRAND - Je ne sais pas où je vais avec ce contrôle fiscal, mais j'y vais tout droit… sur la paille. Le fisc va sûrement me prendre le maximum et il ne me restera plus qu'à faire la manche à la sortie de la messe.

Tante Antonine revient en tenue de ville, sa valise à la main.

TANTE ANTONINE - Ah ! vous voilà ! Vous m'en parlerez de votre studio ! Le plombier doit y avoir une rente et en plus il se balade en tenue légère. C'est tout juste s'il ne vient pas me border dans mon lit. Alors moi, vous comprenez, ça suffit. Je vais voir ailleurs. Là où il n'y a pas de fuites.

BERTRAND - Mais tante, je ne comprends pas ! Je ne vois pas ce que vous voulez dire avec ce plombier. Cependant, si vous pensez que c'est mieux ailleurs, je ne vous dirai pas le contraire.

TANTE ANTONINE - Bien sûr ! Vous serez plus tranquille ici. J'ai bien compris que je dérangeais.

BERTRAND - Mais pas du tout, pas du tout ! Mais comprenez, les affaires…

TANTE ANTONINE - Oh ! les affaires ! Pas bien nettes vos affaires. D'ailleurs, si ça se trouve, c'est vous qui l'envoyez, cet individu, pour me faire fuir.

BERTRAND - Oh ! tante Antonine, qu'allez-vous penser ?

TANTE ANTONINE - Ce que j'ai envie.

Arrivée de la concierge.

LA CONCIERGE - Ah ! vous êtes là monsieur Bertrand. Ça tombe bien, il y a justement une dame qui vous demande.

TANTE ANTONINE - Tiens ! Qu'est-ce que je disais !

BERTRAND *(gêné)* - Ah ! une dame ? Et qui est cette dame ?

LA CONCIERGE - Elle n'a pas voulu me dire son nom.

Maud entre à son tour en riant de la surprise.

MAUD - Coucou ! C'est moi.

BERTRAND *(complètement affolé)* - Ah… Oh… Ah… Oui… Bonjour… Bonjour mademoiselle. Quelle bonne surprise ! C'est… gentil… gentil d'être venue. Mais je… je croyais que…

Tante Antonine est sur le devant de la scène, les bras croisés et l'air sévère.

TANTE ANTONINE *(très autoritaire et sans regarder Bertrand)* - Bertrand ! Qui est cette dame ?

BERTRAND - C'est la… la… la…

TANTE ANTONINE *(même jeu)* - « Lalala », c'est un peu court comme réponse.

> *Bertrand, profitant que la tante a le dos tourné, enlève vivement le tablier de la concierge et le passe autour du cou de Maud.*

BERTRAND *(soulagé)* - C'est la nouvelle femme de ménage.

MAUD *(jouant le jeu et prenant un accent étranger)* - Ma oui qué yé souis la nouvelle employée dé la madame la conyierye. *(A Bertrand.)* Là vous êtes content ?

TANTE ANTONINE - Vous employez des employés ?

LA CONCIERGE - Moi ? Euh… je…

BERTRAND *(lui glissant discrètement un billet dans la main)* - Bien sûr ! C'est ça les nouvelles gardiennes d'immeubles : des chefs d'entreprise, des créateurs d'emplois !

LA CONCIERGE - Exactement. Comme il dit le monsieur. *(A Bertrand.)* Et vous en rajoutez un autre sinon je dis le contraire.

BERTRAND - Escroc ! *(Il donne un second billet.)*

LA CONCIERGE - Mais non ! C'est parce que certains me donnent le mauvais exemple.

TANTE ANTONINE *(à Maud)* - Et il y a longtemps que vous êtes employée chez Mme Badurin ?

MAUD - Ma qué non. Ché tout nouvelle. Yé viens youste dé commencer.

TANTE ANTONINE *(pas convaincue)* - Enfin bon. Tout est bizarre ici et rien n'est clair. Je parlerai de tout ceci à ma nièce. Et vous, Bertrand, dites-vous bien que je vous ai à l'œil.

Tante Antonine sort.

BERTRAND - C'est ça, à l'œil. Et profitez-en, parce que les trucs à l'œil, aujourd'hui ça ne court pas les rues. Tout est si cher !

MAUD - Ché bien vrai cha le monchieu, tout il coûte les yeux de la tête.

BERTRAND - Ou la peau des fesses, c'est vrai.

LA CONCIERGE - Exactement. Mais dites-moi, monsieur, pourquoi dit-on « les yeux de la tête » ? C'est ridicule. Les yeux ils sont toujours de la tête. C'est un cataplasme.

MAUD - Un pléonasme.

BERTRAND *(professoral)* - Effectivement. On pourrait se contenter de dire : « Ça coûte les yeux. » Ce serait plus simple et suffisamment précis. Par contre, pour la peau, comme on en a de partout, il vaut mieux en préciser l'endroit exact pour bien en fixer la valeur. C'est pour cette raison que l'on précise : « La peau des fesses. »

LA CONCIERGE - Moi, je me demande ce qui coûte le plus cher : si c'est les yeux, même de la tête, ou si c'est la peau des fesses. En l'occurrence, et sauf votre respect.

BERTRAND - Ah ! mais c'est les yeux de la tête, bien sûr ! Les yeux vous n'en avez que deux et ils ne repoussent pas. Alors que la peau des fesses ça repousse. Et en plus il y en a qui sont plus riches que d'autres, si vous voyez ce que je veux dire. *(Il mime de grosses fesses.)*

LA CONCIERGE - Oui, évidement. J'ai pas la peau des fesses devant les yeux. Autrement ça me coûterait la peau des yeux et ce serait encore plus cher.

BERTRAND - Alors là, pour être plus cher, on peut vous faire confiance.

MAUD - Le monchieur il croit vraiment qué yé souis vénou pour écouter la philosophie des yeux de la fèche ?

BERTRAND - Oh! pardon Maud. Je suis navré. Tous ces événements me troublent tellement! Je ne sais plus où j'en suis et me laisse embarquer dans la moindre histoire, alors que vous êtes là. Comprenez-moi, lorsque tout semble s'arranger, il y a toujours un grain de sable qui vient tout perturber. Que dis-je! un grain, une brouette, un camion, une montagne de sable. Je risque donc d'être sur le sable d'un moment à l'autre et... et... *(Arrivée de Mme Bertrand.)*... à moins que je ne tombe de la falaise...

MME BERTRAND - Et bien sûr, vous êtes encore là, vous, et toi aussi, comme par hasard.

BERTRAND - Mais mon pou... pou... pourquoi tu...

LA CONCIERGE - C'est la nouvelle...

BERTRAND *(coupant vivement la parole à la concierge et la poussant vers la porte)* - ... Inspectrice des impôts. Tu te souviens, mon pou... ma chérie?

MME BERTRAND - Arrête tes mensonges! L'inspectrice des impôts, la vraie, elle est au bureau, elle vérifie ta comptabilité.

BERTRAND *(affolé)* - Ah!... Euh... oui... justement, c'est... sa secrétaire qui... qui...

MME BERTRAND - « Qui, qui »?

BERTRAND - ... Qui voulait me demander des précisions sur... sur... sur...

MME BERTRAND - Et c'est pour ça qu'elle a mis un tablier!

BERTRAND - Qu'elle a mis un tablier? Ah non... Ah oui... Ah si... C'est parce que... elle a trouvé. *(A part.)* Je ne sais pas ce qu'elle a trouvé, mais en tout cas moi je ne trouve pas.

MAUD - C'est parce que les dossiers sont un peu poussiéreux.

BERTRAND - Voilà, c'est ça, merci. C'est à cause de la poussière.

Mme Bertrand - De la poussière ! Chez moi ! Alors là, c'est nouveau. Et votre chef, l'inspectrice Tatillon, elle n'a pourtant pas trouvé de poussière. En tout cas elle n'a pas mis son tablier, elle.

Maud - Je ne sais pas. Chacun travaille comme il veut. Le tablier n'est qu'un accessoire secondaire.

Arrivée de l'inspectrice des impôts.

L'inspectrice - Eh bien, dites donc, je trouve qu'il y a beaucoup du monde dans ce que je croyais être mon studio.

Mme Bertrand - Ah ! vous arrivez bien, vous ! Dites-moi franchement, vous trouvez qu'il y a trop de poussière dans nos dossiers ?

L'inspectrice - De la poussière ? Non, pas spécialement. Et puis j'ai d'autres choses plus importantes à regarder. Mais pourquoi ?

Mme Bertrand - Parce que votre secrétaire…

Bertrand *(qui s'agite beaucoup et la coupe brutalement)* - Mais peu importe la poussière ! Un bon coup d'aspirateur par-ci, par-là, et tout va s'arranger. *(A part.)* Façon de parler parce que en fait ça ne s'arrange pas du tout.

Mme Bertrand - Quand même, je n'aime pas que l'on raconte n'importe quoi. Votre secrétaire…

Bertrand - Ouh là ! Tout d'un coup je me demande si on a bien pensé à fermer le gaz. Je suis inquiet. Je t'assure, très inquiet.

Mme Bertrand - Décidément, tu ne vas pas bien du tout mon pauvre. Nous n'avons pas le gaz à la maison. Tout est électrique.

Bertrand - Oui, bien sûr, mais on ne sait jamais, s'il y avait une fuite. *(Il tente d'emmener sa femme vers la porte.)* Ce serait plus prudent d'aller voir.

Arrivée de tante Antonine.

Tante Antonine - Ah ! vous êtes tous là ! Je vous cherchais partout.

La concierge, curieuse, entre discrètement à la suite de tante Antonine.

MME BERTRAND - Ma tante, tu vas nous rassurer. A la maison, tu n'as pas remarqué une fuite de gaz sur les prises électriques ?

BERTRAND *(à part)* - J'ai l'impression qu'il va plutôt y avoir bientôt de l'eau dans le gaz.

TANTE ANTONINE - Qu'est-ce que tu me racontes ?

MME BERTRAND - Non, ne cherche pas. C'est Bertrand qui fait l'âne.

TANTE ANTONINE - Oui, j'avais remarqué. Et s'il fait l'âne il va avoir du son. Déjà tout à l'heure, ses explications n'étaient pas très claires. *(S'adressant à Maud.)* Justement, vous, la Conchita, vous devriez aller ranger la serpillière qui traîne en haut de l'escalier. Ça fait désordre dans une maison de standing.

MME BERTRAND - Serpillière ? Conchita ? Mais qu'est-ce que tu racontes ? C'est la secrétaire de l'inspectrice des impôts. *(S'adressant à l'inspectrice qui, surprise, reste bouche bée.)* N'est-ce pas, madame ?

TANTE ANTONINE - Mais pas du tout ! C'est la nouvelle employée de la concierge. *(S'adressant à la concierge qui ne répond pas non plus.)* N'est-ce pas, madame Badurin ?

BERTRAND *(qui fait n'importe quoi pour donner le change)* - Ah ! mon cœur, mon cerveau, mon ventre, mon bras, mon pied ! *(Il se tâte toutes les parties du corps, dans le désordre où il les nomme.)* Je suis en train de faire une crise de complexite aiguë ! Oh ! que ça fait mal ! Ça me prend de partout et monte jusqu'au cerveau. *(Il se tortille dans tous les sens.)* J'ai au moins trente-neuf de tension et dix-neuf de température. Aïe aïe aïe ! Je souffre ! *(A part.)* Là je mets le paquet, foutu pour foutu. *(Il se remet à gémir.)* Je ne tiens plus. Il faut m'emmener à l'hôpital ! Vite ! Viiiiiiite ! *(Il s'écroule dans un fauteuil.)*

LA CONCIERGE *(à Maud)* - Vous ne seriez pas médecin aussi, par hasard ?

MME BERTRAND - Décidément, il me les fera toutes ! Comédie ou maladie ? On réglera nos comptes après. Emmenons-le à l'hôpital. Et s'il en réchappe il va le regretter.

Tout le monde sort en soutenant Bertrand qui geint à fendre l'âme. Maud sort la dernière, un peu en retrait. Seule l'inspectrice des impôts reste en scène.

L'INSPECTRICE - Quelle famille ! Quel cirque ! Je ne comprends rien à leurs histoires. Enfin, c'est leurs oignons. Bon, un petit brin de toilette après cette dure journée et je vais aller faire un tour au théâtre. Il y a au programme une pièce comique sensationnelle : « Pas toutes à la fois ».

L'inspectrice passe à la salle de bains. Alfred sort de son placard avec prudence.

ALFRED - Quand même ! Ça s'est calmé. C'est pas trop tôt. J'te jure, pour casser une petite croûte tranquille t'as intérêt à bien viser !

Alfred passe à la cuisine. L'inspectrice sort de la salle de bains.

L'INSPECTRICE - Avec tous ces événements, je ne sais même plus où est mon sac. *(Elle cherche quelques secondes, trouve son sac.)* Ah ! le voilà.

L'inspectrice retourne à la salle de bains. Alfred sort de la cuisine.

ALFRED - Menu unique pour l'instant : camembert au pain et pain au camembert. Mais quel camembert ! *(Il s'installe sur une chaise, près de la table ou du bureau, déplie son camembert avec précaution et le hume avec respect.)* Le tout arrosé d'un grand picrate bien rouge qui tache. Ah oui ! Le picrate, dans le placard.

Il se lève, pose machinalement son camembert sur la chaise et rentre dans son placard alors que Prunelle arrive.

PRUNELLE - Hé ! ho ! Vous êtes là ?

ALFRED *(qui passe juste la tête par la porte entrebâillée du placard)* **-** Zut ! Coincé.

PRUNELLE - Je croyais qu'ils étaient tous là. Mais où sont-ils passés ?

L'inspectrice sort de la salle de bains.

L'INSPECTRICE - Mais je ne serai donc jamais tranquille ici ! Que se passe-t-il encore ?

PRUNELLE - Je cherche le patron et sa femme. Je les croyais ici.

Leur dialogue se passe juste au-dessus de la chaise où Alfred a posé son camembert.

L'INSPECTRICE - Effectivement. Il n'y a pas si longtemps. Une histoire de fous qu'ils sont venus régler ici. Allez comprendre pourquoi ! Votre patron en est d'ailleurs tombé malade et il doit être maintenant aux urgences, à l'hôpital. Quant à moi, si ça ne vous dérange pas… *(Prunelle sent, d'un air contrarié.)*… je vais aller faire un petit brin de toilette.

PRUNELLE *(qui tourne un peu la tête de côté pour tenter d'éviter les effluves)* - Oui, je comprends. En fin de journée, c'est vraiment nécessaire.

L'INSPECTRICE *(incommodée par l'odeur à son tour)* - Bien sûr que c'est nécessaire. Et c'est valable pour tout le monde. Surtout avec les textiles modernes et la transpiration. *(Elle regarde Prunelle d'un air dégoûté et détourne la tête.)* Vous avez dû vous agiter beaucoup aujourd'hui.

PRUNELLE - Pas plus que d'habitude. Et vous savez, les chaussures en synthétique c'est encore pire que les textiles artificiels.

L'INSPECTRICE - Je ne porte que du vrai cuir et je ne vois pas le rapport.

PRUNELLE - Oh ! il n'y a pas besoin de voir, il n'y a qu'à sentir !

L'INSPECTRICE - C'est ce que je fais, contrainte et forcée, et ce n'est pas agréable.

PRUNELLE - Je suis convaincue. Je vous laisse à votre toilette. C'est une urgence. *(A part.)* Je reste « septique » sur son eau de toilette qui est sûrement « fosse ».

Prunelle sort.

L'INSPECTRICE - Ah ! enfin ! Il était temps qu'elle s'en aille. Je ne comprends pas qu'il y ait encore des femmes qui se négligent autant. Avec tous les produits actuels ou même un bout de savon c'est quand même pas difficile d'être… Ah ! et puis maintenant elle a laissé cette odeur ! C'est insupportable. Je ne pourrai pas rester plus longtemps ici. Je préfère partir tout de suite en ville respirer les gaz d'échappements.

L'inspectrice sort.

ALFRED *(sortant lentement de son placard)* - Est-ce que je vais enfin pouvoir bouffer tranquille ? Heureusement, elles ont pas vu mon calendos. Elles avaient pourtant le nez dessus. Ça aurait pu leur mettre la puce à l'oreille. Quoique, à l'oreille, le calendos, y dit pas grand-chose. Mais alors au nez ! *(Il le hume, puis commence à manger.)* Et alors en bouche ! Hmm… Une merveille. Il se bonifie en vieillissant. Comme le bon vin. *(Il mange, boit un verre.)* Et un petit bout de pain avec un gros bout de fromage. Et un petit verre pour faire glisser. Et de nouveau un… *(Il renverse son verre sur son pantalon.)* Zut et zut et zut ! Et voilà ! Un verre de pinard de perdu et un pantalon taché. Un pantalon que c'était une occasion presque neuve, soldé à quatre-vingt-dix pour cent et remis en état par mes soins. *(Il se tourne et montre les pièces de couleurs vives complètement différentes.)* Avec maintenant une belle tache de vin rouge. Même si je ne vois pas grand monde, ça fait pas soigné. Heureusement, pour les taches de vin, j'ai la recette. Il faut mettre tout de suite du sel dessus. Il doit y en avoir à la cuisine. *(Il pose machinalement son camembert sur la chaise. Il s'aperçoit que sa bouteille est vide et la garde à la main. Il ne reste donc rien de visible sur la table ou le bureau où il était installé, par contre le camembert reste sur la chaise. Il passe à la cuisine en chantonnant.)* « Du sel, du sel, oui mais du sel de mer ! Du sel, du sel, oui mais du sel de mer ! »

Arrivée de Bertrand.

BERTRAND - Quelle histoire ! Scandale à l'hôpital. Aux urgences, ils ne m'ont rien trouvé de grave, évidemment. J'ai refusé de passer au scanner et j'ai bien failli me retrouver en psychiatrie. Je me suis évadé en volant la blouse d'un infirmier. Je ne sais pas ce que dit mon horoscope, mais je dois sûrement avoir Mars en cactus et Vénus au fond de la mine. La seule chose positive, c'est que ça ne peut pas aller plus mal. A moins que… *(Il sent.)* Si, si. Et voilà, il ne manquait plus que ça ! Cette fois c'est vrai, mon nez ne me trompe pas. Les toilettes sont bouchées, c'est certain.

Bertrand passe à la salle de bains. Alfred sort de la cuisine en caleçon, son pantalon dans une main, une salière dans l'autre.

ALFRED - Et voilà ! Il n'y a plus qu'à laisser sécher. *(Il pose son pantalon avec précaution sur le dossier d'une chaise et le saupoudre encore un peu avec le sel.)* Encore une petite lichette de sel pour faire bonne mesure et mon pantalon sera quasi mieux que neuf. Ah ! que je suis intelligent ! *(Il repart à la cuisine en chantonnant.)* « Du sel, du sel, oui mais du sel de mer ! »

Bertrand sort de la salle de bains.

BERTRAND - Non, tout va bien. Les toilettes fonctionnent normalement. Heureusement, parce que les problèmes, aujourd'hui, merci. J'ai eu ma dose. Alors suffit. *(Il s'assoit sur le camembert.)* Je… Mais… Oh… Mais qu'est-ce que c'est que… Oh là là ! Mais c'est pas possible ! Mais qu'est-ce qu'il y avait sur cette chaise ? *(Dos au public, il se contorsionne pour voir les dégâts sur son postérieur.)* Mais qu'est-ce qu'il foutait là ce camembert ? Quoique vu l'état et senti l'odeur, il serait venu tout seul que ce ne serait même pas surprenant. Bon, et ça continue ! Maintenant il ne me reste plus qu'à essayer de nettoyer mon pantalon.

Il passe à la salle de bains. Mme Bertrand entre.

MME BERTRAND - Mon mari qui était si malade a quitté l'hôpital en douce et n'est pas à la maison. S'il croit me berner, il se met le doigt dans l'œil jusqu'au coude. Je suis sûre qu'il est revenu ici pour retrouver une de ses poules. J'arriverai bien à les surprendre. *(Elle voit le pantalon d'Alfred sur la chaise.)* Tiens, qu'est-ce que je disais ? Il a même déjà commencé à se déshabiller. Infâme individu, je vais te montrer ce qu'il en coûte de me prendre pour une imbécile ! *(Elle va à la salle de bains et en ressort en tirant son mari par les oreilles. Il est en caleçon. Elle le frappe avec son sac à main.)* Goujat ! Satyre ! Pornographe ! Obsédé sexuel ! Décidément, tu ne m'auras rien épargné. Mais tu n'existes plus pour moi. Prends ton pantalon et dehors ! *(Elle lui tend le pantalon qu'Alfred avait posé sur la chaise. Bertrand, qui ne comprend rien, prend le pantalon et le garde à la main d'un air désemparé.)* Dehors ! Moi je vais m'occuper de ta souris. Elle va en être verte et je vais lui faire passer l'envie de courir dans l'herbe de mes plates-bandes.

BERTRAND - Mais mon poussin, je…

MME BERTRAND - Pousse pas, hein ! Je ne suis plus ton poussin. Prends ton pantalon et dehors !

Bertrand tente d'enfiler le pantalon d'Alfred, qui devra être ou trop grand ou trop petit pour lui.

BERTRAND - Mais enfin, laisse-moi placer un mot !

MME BERTRAND - Inutile. Le dernier est pour moi : dehors ! *(Elle le pousse dehors. Il chute, n'ayant pas fini de boutonner son pantalon.)* Et d'un. Maintenant je vais régler son compte à cette petite garce. Elle est sûrement à la cuisine occupée à lui préparer quelques gourmandises. (Elle ouvre la porte de la cuisine, sûre de son fait.)* Vous, là, sortez ! Allez, sortez ! *(Alfred, toujours en caleçon, sort tout penaud. Il s'aperçoit que son pantalon a disparu et il en est encore plus gêné. Mme Bertrand ne comprend plus rien ou a peur de comprendre.)* Mon Dieu !… Mais quelle affaire ! Monsieur ! Oh !… Et Bertrand, comment a-t-il fait pour en arriver là ? Mais ce n'est pas possible !

ALFRED - De perdre son pantalon ? Mais si madame.

Mme Bertrand - Mais enfin, monsieur, dites-moi que ce n'est pas vrai !

Alfred - Hélas, si, madame. Vous m'en voyez désolé, mais je l'ai perdu.

Mme Bertrand - Mais enfin je rêve ! Vous… Mon mari…

Alfred - Ah ! vous voulez que je sois votre mari ? Mais avec plaisir madame, avec plaisir. J'accepte volontiers. Une belle femme comme vous et un homme comme moi, le couple du siècle !

Mme Bertrand - Ne soyez pas cynique en plus ! Et allez vous rhabiller !

Alfred - Mais puisque je vous dis que j'ai perdu mon pantalon ! Je l'avais mis là pour le faire sécher et il a disparu.

Mme Bertrand *(qui réalise sa méprise)* - Ah… Ah bon. Euh… oui, bien sûr. Je vois. Eh bien, allez donc à la salle de bains, vous en trouverez sûrement un autre.

Alfred - Ah ! merci madame.

Alfred passe à la salle de bains.

Mme Bertrand - Mais qu'est-ce que c'est encore que cet imbroglio ? Ce n'est pas possible que Bertrand et cet individu viennent se retrouver ici, pour se promener en caleçon !

Retour d'Alfred avec le pantalon de Bertrand.

Alfred *(à part)* - C'est pas le mien, j'ai l'impression d'être comme un haltérophile avec un tutu de danseuse étoile. Mais vu les circonstances, j'ai pas trop intérêt à la ramener. Bon, je fais comme d'habitude. *(A Mme Bertrand.)* Je suis le plombier.

Mme Bertrand - Le plombier ! Le plombier ? C'était pour ça que mon mari avait toujours son robinet qui fuyait et qui ne fuyait pas ?

Alfred - Votre mari, j'le connais même pas, alors son robinet, si je m'en fous… *(A part.)* Par contre son pantalon, il vaut pas le mien.

Mme Bertrand - Vous ne connaissez pas mon mari ?

ALFRED - J'sais pas qui c'est. Je l'ai jamais vu. Je vous le jure sur ma tête.

MME BERTRAND - Bon, je vous crois. J'ai peut-être été un peu vive avec Bertrand. Je vais le chercher. Attendez-moi ici, on tirera tout ceci au clair.

Elle sort.

ALFRED - C'est ça. Compte dessus et bois de l'eau claire. Tu parles ! Je vais pas attendre qu'ils reviennent. Les ennuis, ça suffit pour aujourd'hui. Déjà que je me suis fait piquer mon falzar et à la place j'ai récupéré celui-là qui me va comme du pied de poule à un zèbre ! Alors suffit ! Direction mon placard, que je sois enfin tranquille.

Il rentre dans son placard. Bertrand et sa femme reviennent.

BERTRAND - Je te jure, mon poussin, je te jure sur ce que j'ai de plus cher… tiens, sur les parts que tu as dans l'agence, que je ne comprends rien à ce qui s'est passé. Je me suis assis sur un camembert, là, sur la chaise. Je suis allé à la salle de bains nettoyer mon pantalon et tu es arrivée. Sur tes parts dans la société, je te le jure.

MME BERTRAND - Eh bien, tu vois, là, je te crois. Mais alors ce plombier ?

BERTRAND - Mais je n'ai jamais vu de plombier ! Jamais !

MME BERTRAND - C'est ce qu'il m'a dit aussi. Parce que moi je l'ai vu. Tante Antonine aussi. Et maintenant il a disparu. C'est quand même bizarre.

BERTRAND - Et incompréhensible. Comme cet horrible pantalon. Je ne peux pas sortir avec. Va voir si la concierge peut faire quelque chose pour nous. *(Il quitte le pantalon.)* Trouve-moi quelque chose de mettable.

MME BERTRAND - Je vais voir ce qu'on peut faire.

Mme Bertrand sort avec le pantalon et laisse Bertrand en caleçon.

BERTRAND - Oh là là ! Mais quelle histoire ! Quelle aventure ! J'ai bien cru que j'allais y laisser ma peau. Mais c'est fini ! Fini ! J'arrête. Je veux vivre tranquille.

Arrivée de Maud.

MAUD - Lé monchieu il est touyours là. Echqué yé peux voir lé monchieu ?

BERTRAND *(affolé, tentant de dissimuler sa tenue légère par une chaise)* - Ah ! Maud, ne m'en veuillez pas, mais je suis passé par des moments très difficiles que je ne voudrais pas revivre. Je suis en caleçon, ma femme va revenir d'un moment à l'autre, et ça va encore déclencher une catastrophe. Je vous en supplie, si vous avez la moindre amitié pour moi, fuyez ! Fuyez avant qu'un nouveau cataclysme n'arrive !

MAUD - Vu les événements passés et votre panique actuelle, je sens effectivement qu'il est préférable pour moi de vous laisser et de vous oublier. Je ne suis pas le genre de fille qui apprécie ce style d'aventure. Tenez, Bertrand, sans regrets ni rancune, je vous rends mon tablier.

Elle lui passe autour du cou le tablier de Mme Badurin qu'elle avait conservé, puis elle sort.

BERTRAND - Ouf ! je crois que le soulagement prend le pas sur les regrets !

Il pose la chaise mais garde le tablier. Arrivée de l'inspectrice des impôts. Il reprend la chaise pour dissimuler sa tenue.

L'INSPECTRICE - Mais qu'est-ce que vous faites encore là ? Et dans cette tenue ? Vous faites le ménage ?

BERTRAND - Euh… non… mais voilà, j'ai eu un petit problème et ma femme tente de le résoudre.

Retour de Mme Bertrand.

MME BERTRAND - Et sans succès. Pas moyen de trouver un pantalon correct. On pourrait peut-être essayer de découdre les pièces. *(A l'inspectrice.)* Vous n'auriez pas un ciseau ?

L'INSPECTRICE - Non. Je suis inspectrice des impôts, pas couturière.

MME BERTRAND - A la cuisine il y aura peut-être quelque chose qui fera l'affaire.

Mme Bertrand pose le pantalon sur une chaise, puis passe à la cuisine avec son mari.

L'INSPECTRICE - Je ne sais pas encore s'ils sont réellement malhonnêtes, mais c'est sûr qu'ils pourraient avoir droit aux circonstances atténuantes pour altération mentale.

Elle passe à la salle de bains. Alfred sort de son placard.

ALFRED - Mais c'est que pour un peu ils m'auraient tout saboté mon falzar. Coup de pot, j'te fais l'échange en vitesse. Ni vu, ni connu, j't'embrouille.

Il récupère son pantalon, remet celui de Bertrand à la place et retourne dans son placard. Le téléphone sonne. L'inspectrice vient répondre.

L'INSPECTRICE - Allô ! (…) Oui, c'est moi. (…) Bonjour chef. (…) Ça va. (…) Oui… (…) Non, tout n'est pas très clair, il y aura certainement un petit redressement, mais ça n'ira pas chercher bien loin. On sera loin de l'affaire du siècle. Et vous ? (…) Quoi ? (…) Vous avez réussi… (…) Sensass… (…) Bravo… (…) Ah bon… (…) Alors d'accord. Je laisse tout tomber ici et je vous rejoins. (…) O.K. (…) C'est préférable. (…) J'arrive. *(Elle raccroche.)*

Bertrand et sa femme sont de retour de la cuisine.

MME BERTRAND *(un tire-bouchon à la main)* - On ne va quand même pas découdre les pièces avec un tire-bouchon !

L'INSPECTRICE - Messieurs-dames, j'ai une bonne nouvelle pour vous.

BERTRAND - Une bonne nouvelle ! Alors attendez. C'est tellement rare par les temps qui courent que je veux la savourer, la délecter, m'en imprégner. Je vais m'asseoir.

MME BERTRAND - Avant de t'asseoir, vérifie s'il n'y a pas un camembert sur la chaise. On ne sait jamais.

BERTRAND - Très drôle. *(Il s'assoit en faisant virevolter son tablier.)* Alors cette bonne nouvelle ?

L'INSPECTRICE - Nous avons découvert un très gros fraudeur.

BERTRAND *(inquiet)* - Ah… Ah bon. Vous appelez ça une bonne nouvelle ? Pour vous peut-être !

L'INSPECTRICE - Bien sûr. Mais rassurez-vous. Vous n'êtes pas concerné. Tous nos services sont mobilisés. Aussi, j'arrête votre contrôle pour aller prêter main-forte à mes collègues. Ça vous fera un sursis.

BERTRAND - Un sursis ?

L'INSPECTRICE - Oui, je ne reviendrai sûrement pas avant trois mois.

BERTRAND - Trois mois. Un sursis de trois mois… *(Il va pour sauter de joie et a du mal à se contrôler.)* Mais c'est merv… C'est… Oh !… Ah… Comme ça va nous paraître long trois mois sans vous…

L'INSPECTRICE - N'en rajoutez pas. Je boucle ma valise et je pars.

L'inspectrice passe à la salle de bains.

BERTRAND - Il semblerait que petit à petit les choses s'arrangent. Ne perdons pas espoir, je vais peut-être finir par survivre.

Mme Bertrand prend le pantalon posé sur la chaise et le regarde, incrédule.

MME BERTRAND - Mais Bertrand, ton pantalon !

BERTRAND - Eh bien, quoi ? Qu'est-ce qu'il a mon pantalon ?

MME BERTRAND - Il est là, sur la chaise !

BERTRAND - Tu parles d'une découverte. C'est toi-même qui l'avais posé.

MME BERTRAND - Mais pas celui-là, l'autre, pas le tien.

BERTRAND - Mais qu'est-ce que tu me chantes avec ce pantalon ? C'est quand même… *(A son tour il examine, incrédule, son pantalon.)* Oh ! mon pantalon ! C'est mon pantalon ! Tu te rends compte ?

MME BERTRAND - C'est bien ce que je disais. C'est incroyable.

BERTRAND - Incroyable. Inimaginable. Tu vois qu'il se passe des choses bizarres ici. C'est à la limite du paranormal. Des gens qui apparaissent, que certains voient et d'autres pas, et qui disparaissent. Des camemberts qui apparaissent, des pantalons qui se transforment. Et savoir ce que l'avenir nous réserve… Il vaut mieux quitter rapidement cet endroit maudit.

MME BERTRAND - Tu as bien raison. Mets ton pantalon et partons pendant qu'il est encore temps, avant que la malédiction ne finisse de nous détruire.

> *L'inspectrice des impôts sort de la salle de bains, sa valise à la main, et se dirige vers la porte.*

L'INSPECTRICE - Je pars, nous partons, vous partez. Votre studio va passer brutalement du trop-plein au grand vide. Attention au trou noir, surtout dans votre comptabilité. Allez, sans rancune. Au revoir.

> *L'inspectrice sort.*

BERTRAND *(pathétique)* **-** Adieu studio maudit ! Adieu lieu de malheur et de vicissitudes ! Je te quitte sans regrets car tu as bien failli avoir ma peau. Mais malgré la malédiction j'ai survécu. *(A sa femme.)* Viens mon poussin, nous allons enfin pouvoir revivre normalement, tranquillement.

MME BERTRAND - Et sans contrôle fiscal !

BERTRAND - En plus. Ou plutôt en moins. Quittons vite ce lieu maudit et en route pour le paradis, avec toi mon poussin.

Ils sortent.

ALFRED *(sortant tout joyeux de son placard)* - Le paradis! Oui, mon poussin. Et pour moi aussi. Ils ne veulent pas remettre les pieds ici. Que voilà donc une bonne nouvelle! A moi la tranquillité maintenant. Je vais enfin pouvoir casser la croûte sans être dérangé.

Il s'installe pour manger. Retour discret du squatter dans le dos d'Alfred.

LE SQUATTER - Eh! qui t'es toi?

ALFRED *(surpris et contrarié)* - Quoi? Mais qu'est-ce que... Ah! ben la tranquillité n'aura pas duré longtemps. Qui je suis? Non mais! T'es de la police?

LE SQUATTER - Sûr que non. Mais nous on créchait ici, avant.

ALFRED - Ah oui! Je comprends. Eh bien, justement, c'était avant. Maintenant tout a changé. C'est moi qui occupe. Et tout seul. T'entends? Tout seul. Ici c'est réservé exclusivement à ma pomme. Compris?

LE SQUATTER - Ouais. Crie pas, j'ai compris. J'aurais bien voulu venir me réinstaller ici avec mon pote Jojo, mais à sa sortie de prison il s'est mis à la colle avec l'assistante sociale qui allait le voir quand il était en taule. T'imagines?

ALFRED - Y'a plus d'morale dans notre société pourrie. Mais compte pas sur moi pour te recueillir.

LE SQUATTER - C'est pas le problème. Dis donc, l'autre jour je suis venu ici et y'avait une greluche, un peu craintive, mais qui m'a un peu tapé dans l'œil. Tu saurais pas où elle est passée, par hasard?

ALFRED *(qui voit l'occasion de se débarrasser rapidement de l'importun)* - Bien sûr que si que je sais! T'as du pot. Je crois même qu'elle t'attend avec impatience à l'hôtel des impôts.

LE SQUATTER *(inquiet)* - A hôtel! Mais j'ai pas les moyens!

ALFRED - Te casse pas. Hôtel des impôts, c'est le contribuable qui paie.

LE SQUATTER *(soulagé)* **-** Le con… tribuable… Ah bon. Alors je vais aller voir.

ALFRED - C'est ça. Et fais vite. Parce que là, tout de suite, je sens une odeur d'essence qui me gâche mon casse-croûte. Ton eau de toilette c'est le numéro 95 de super sans plomb ?

LE SQUATTER - Charrie pas ! C'est la bécane que j'ai piquée ce matin ; le gicleur était bouché.

ALFRED - Et alors ? Pour déboucher un gicleur t'es pas obligé de prendre un bain dans le carburateur ! A mon avis, y'a pas que le gicleur qui est bouché chez toi.

LE SQUATTER - Oh ! ça va ! J'ai bien compris que je dérange.

ALFRED - Ah bon ! Alors j'ai rien dit. T'es très intelligent. Je te retiens pas. Salut mon pote et bonne chance avec ta princesse.

LE SQUATTER - Hôtel des impôts tu dis ?

ALFRED - Exact. Va vite. Salut

LE SQUATTER - Salut.

Le squatter sort.

ALFRED - Ah ! quand même ! Laborieux de faire comprendre aux gens qu'ils dérangent. Comme dit l'autre : « Si j'étais chez vous je m'en irais. » Bon, cette fois, je vais enfin pouvoir profiter de mon confort et de mon indépendance. Quel bonheur d'être tranquille chez soi, avec son petit kil de rouge, son calendos… Ah ! que je suis bien ! Pas de doute, je suis le meilleur, le plus beau, le plus intelligent, le plus heureux. Elle est pas belle la vie ?

RIDEAU

AVIS IMPORTANT

Cette pièce de théâtre fait partie du répertoire de la Société des Auteurs et Compositeurs Dramatiques, 11 bis rue Ballu 75442 PARIS Cedex 09. Tél. : 01 40 23 44 44. Elle ne peut donc être jouée sans l'autorisation de cette société.

Nous conseillons d'en faire la demande avant de commencer les répétitions.

Imprimé à la demande par Books On Demand GmbH, Bad Hersfeld, Allemagne

Première édition, dépôt légal : janvier 2006
N° d'édition : 200606
ISBN : 2-84422-495-4